首都经济贸易大学劳动经济学博士论文文库
国家重点学科——劳动经济学支持项目
北京现代产业新区发展研究基地建设（2015）专项资金资助

中国生产性服务业就业与影响因素研究

◉ 贾 辉 / 著

首都经济贸易大学出版社
Capital University of Economics and Business Press
·北京·

图书在版编目(CIP)数据

中国生产性服务业就业与影响因素研究/贾辉著. —北京:首都经济贸易大学出版社,2015.10
ISBN 978-7-5638-2383-3

Ⅰ.①中… Ⅱ.①贾… Ⅲ.①服务业—影响—就业—研究—中国 Ⅳ.①D669.2

中国版本图书馆 CIP 数据核字(2015)第 161770 号

中国生产性服务业就业与影响因素研究
贾 辉 著

出版发行	首都经济贸易大学出版社
地　　址	北京市朝阳区红庙(邮编100026)
电　　话	(010)65976483　65065761　65071505(传真)
网　　址	http://www.sjmcb.com
E-mail	publish@cueb.edu.cn
经　　销	全国新华书店
照　　排	首都经济贸易大学出版社激光照排服务部
印　　刷	北京九州迅驰传媒文化有限公司
开　　本	710 毫米×1000 毫米　1/16
字　　数	202 千字
印　　张	11.5
版　　次	2015 年 10 月第 1 版　2015 年 10 月第 1 次印刷
书　　号	ISBN 978-7-5638-2383-3/D·158
定　　价	28.00 元

图书印装若有质量问题,本社负责调换
版权所有　侵权必究

总 序

《首都经济贸易大学劳动经济学博士论文文库》的出版是学校发展、学科发展及人才培养的盛举。述其作用论其特点,必须回放在一定的历史背景下予以说明。

一

众所周知,首都经济贸易大学(劳动经济学院—北京经济学院)是我国第一个劳动科学教研基地,至今已有55年的历史,假如是个自然人,当此年龄段该是知天命多时了。五十五个年头,它有过创业的艰辛,有过成功的喜悦,有过挫折的郁闷,有过耀眼的光环。它出身高贵,幼年受宠,少年惨遭磨难,青年恰逢盛世。从纵向看,大致可切分为五个阶段:

第一阶段:北京劳动干部学校阶段(1954~1958年)

1954年,正值新中国第一个五年计划执行之年,中央和地方经济建设如火如荼,需要大批经济管理特别是劳动管理干部;在职劳动人事干部大都是复员转业军人,需要大力提高政治素质和业务能力。在中华人民共和国劳动部部长李立三同志和马文瑞同志的关怀下,中央批准建立北京劳动干部学校。中央人民政府劳动部1955年11月11日写给中共中央组织部的信函指出:"为提高各级劳动干部的政治和业务水平,以适应国家经济建设的需要,曾经前中央财委1954年9月6日批准建立一所容纳500名学员的劳动干部学校……"经中央1954年9月批准后,北京劳动干部学校和北京试验技工学校开始筹建。在北京市东郊红庙征用了近百亩土地,建起了教学楼、礼堂、食堂、校办工厂厂房、教工及学生宿舍等。陈达、袁方、任扶善等一批教师从人大劳动专修科(劳动专修科宣布停办)调进了劳动干校。在建设校园的同时,劳动经济、劳动保护和锅炉检验三个专业开始从全国劳动管理干部中招生。作为大专性质的"调干生",学制为一年。1956年2月,三个专业的500名学员已经坐在新落成的教室里正式开始上课了。

令人骄傲和永远不能忘怀的是,1957年1月,正当第一批学员即将毕业的时候,毛泽东、刘少奇、陈云、邓小平等党和国家领导人以及中央人民政府劳动部的领导,在中南海亲切接见了全校师生员工。劳动经济专业的老师和劳动干校的领导等同几百名学员一起兴高采烈地参加了接见。至今我们还保留并在劳动经济学院走廊里悬挂着这张巨幅照片。

1957年和1958年,劳动干校又陆续在全国各地招收了两届学员。这些学员毕业后回到原单位,大大加强了劳动管理工作,成为骨干力量。他们之中的佼佼者被提拔到重要的领导岗位上任职。

第二阶段:北京劳动学院阶段(1958～1962年)

1958年在"大跃进"中,北京劳动学院在北京劳动干部学校的基础上成立。学院设有四个系,即劳动经济系、劳动保护系、机械系和动力系。1959年开始在全国各地、通过高考正式录取学生。劳动经济系从北京、天津、河北省等地招收了40名学生。1960年劳动经济系继续在全国招生,为经02班。1962年院系调整,从机械系、动力系中又调过一些学生,组成经03班。这两个班的学生像第一届学生一样,政治思想水平高,学习能力强,同学团结友爱像一个大家庭一样。毕业后这些学生被分配到全国各地,很快成为劳动人事部门、政府其他部门和一些院校、研究机构的骨干。

第三阶段,北京经济学院阶段(1963～1974年)

在三年困难时期,国家贯彻"调整、巩固、充实、提高"的八字方针,劳动学院进行调整,将机械系和动力系调到北京机械学院,保留劳动经济系和劳动保护系。当国家经济形势好转以后,1963年在刘少奇主席关怀下,劳动部将劳动学院交给物资部领导,并设置了物资管理系,学院遂改名为"北京经济学院",由郭沫若副委员长题写校名。

1963年至1966年上半年,是我国国民经济得到恢复和较快发展的时期,教育事业此时也得到了较大的发展。北京经济学院劳动经济系在此时期发展更为迅速:1963年在全国招了一个班;1964年招了两个班;1965年招了两个班。到1965年秋季,劳动经济系在校学生已达近200人,呈现出一派欣欣向荣的景象。

第四阶段:新北京经济学院阶段(1974～1994年)

"十年动乱"中断了中国的高等教育事业,经济学院和劳动经济系也在所难免。1974年,经受了动乱之苦和"五七干校"艰苦锻炼后的北京高校教职员工返回北京。北京市教委决定,将原北京经济学院、原人民大学四个管理系、原北京市工商管理专科学校合并成立了新的经济学院,仍命名为"北京经济学院",并请陈云同志题写了校名。在邓小平同志领导下,1977年全国恢复了高考。高等教育的春天来到了,北京经济学院及其劳动经济系从此走上了新的征程,开始了更大规模的发展。

劳动经济系1977年、1978年每年都招收两个班的本科生,以后每年招收一个班。同时,开始了多层次办学。1979年,在全国第一批招收硕士研究生,1981年获得了硕士学位授予权。从1985年开始,劳动经济系在北京、杭州、宁波、乌鲁木齐、太原、石家庄、唐山、长沙、银川、贵阳、南宁、桂林等十余个城市,招收函授生。到20世纪80年代中后期,函授生多达3 000余人。1985年,劳动经济系又开创性地在杭州举办了"全国首届劳动经济师资格研究班",在全国各大专院校和一些大企业招收100余名学员。这些学员毕业后都成为相关院校的劳动经济、人力资源专业骨干教师或领导人。从1987年起,劳动经济系又同人民大学劳动人事学院(该院1985年建立)合作,在全国举办劳动经济专业高级研修班(类似于90年代的在职研究生课程班),招收学员3 000余名。

改革开放后招收的几届学生,由于多是"文革"中的"老三届",基础扎实又经过几年甚至十来年的下乡、进厂、下矿的艰苦磨炼,再加上年龄较大,所以学习都非常刻苦,涌现出的优秀分子更多。后来有50余名毕业生担任副局级以上职务或被评为教授、研究员,考取博士的多达30余人。

第五阶段:首都经济贸易大学阶段(1994~2008年)

根据北京市教委决定,原北京经济学院和原北京财贸学院于1995年合并,成立首都经济贸易大学,从此,劳动经济系以及后来于2000年由原劳动经济系与原人口研究所合并成立的劳动经济学院,又上了一个新台阶,获得了更大的发展。一是1994年在原劳动人事专业基础上开办了人力资源管理专业;二是1998年由原来的劳动经济专业演变成劳动与社会保障专业;三是从1997年开始招收人力资源在职研究生,每年招收几百人;四是2000年劳动经济专业获得了博士学位授予权,社会保障专业获得了硕士学位授予权;2002年劳动经济专业获得批准成为北京市首批重点学科之一;2003年获批建立博士后流动站,同年创办劳动与社会保障专业劳动关系方向;2004年创办国际人力资源专业方向;2006年创办了劳动关系专业。五是2007年劳动经济学获批成为国家重点学科;2007年劳动经济学免答辩成为北京市优秀重点学科;六是2008年劳动与社会保障专业获批成为国家级特色专业和北京市特色专业,社会保障专业获批成为北京市重点建设学科。

目前,劳动经济学院办学层次丰富。设有博士点一个(劳动经济)、硕士点四个(劳动经济、社会保障、人口学、人口资源与环境经济学)、本科专业四个(人力资源管理、劳动与社会保障、社会工作、劳动关系),本科专业方向一个(国际人力资源),以及专升本,研究生课程班,设有三个系、六个研究所,一个国家级核心刊物《人口与经济》杂志编辑部,一个图书情报中心,一个人力资源测评中心。本科生由原来每年招收一个班发展成为每年招收5个班，硕士研究生每年招收60余人，博士生每年招收10余人。同时与美国、日本、英国、荷兰、加拿大等国的一些大学建立了广泛联系。

劳动经济学院经过55年的发展，已经今非昔比。55年来，共为国家培养输送各类学生1万余名，在国内同类专业中处于领先地位。

目睹我院今日之盛况，我们由衷感到自豪、高兴，"百尺竿头，更进一步"，在高兴之余，我们也清楚地看到自己的差距与不足。我们要继续紧紧绷住"学科建设为发展之魂，队伍建设为发展之基"这两条学院发展的主线，不断开拓进取，迎接更大的挑战。

二

我校劳动经济学院作为我国第一个劳动科学教研基地，在努力促进自身发展的同时，也见证了本学科发展的历史轨迹。中国古代的大诗人屈原说过："路漫漫其修远兮，吾将上下而求索。"此句用于探寻劳动经济学的发展轨迹似乎是合适的。

劳动经济学作为经济学的重要分支，是一门研究劳动的人的学问，其产生和发展是与工业革命、资本主义的大生产及劳工运动等分不开的。首先，工业革命使人类社会产生了雇佣劳动，并逐步出现在雇佣劳动条件下的劳动力供给、企业对劳动力的需求等劳动经济问题。同时，随着资本主义生产方式的产生和发展，劳资雇佣关系扩展到社会生活的各个领域。此后，雇佣劳动所产生的工资、失业、劳动时间、劳动条件、工伤事故与职业病、妇女与童工劳动、劳资谈判、罢工等问题日益突出，劳动力市场上的各类问题不断涌现，促使经济学家对此进行深入的思考。19世纪的美国，劳动问题日趋上升，工会成为劳动力市场上的一支重要力量。1886年，埃利·里查德（E. Richard）出版了《美国劳工运动》一书，分析了工会在劳动力市场、劳动条件的决定方面的作用，开创了对劳动力市场现象进行制度与组织分析的先河。19世纪20年代的美国，劳动力市场日趋成熟。1925年，布卢姆（Bloom）出版了《劳动经济学》一书，这是历史上第一本以劳动经济学命名的劳动经济学教科书。该书涉及劳动力市场的就业、工资、劳资关系、劳工运动、劳动立法等内容。20世纪30年代的大萧条和世界范围内严重的失业形势，引发了经济学家对宏观劳动问题的深入思考。1936年，凯恩斯出版了《就业 利息和货币通论》，开创了宏观经济学。进入40年代不久，由于芝加哥学派发动了一场"劳动经济学革命"，重新肯定了19世纪新古典经济学传统，突出强调了劳动力市场的自发调节作用,把劳动力市场的论述加到劳动经济学中,并且使劳动力市场成为劳动经济学的主要内容。此后,劳动经济这门科学重新受到各国学术界的重视,有了很大发展。20世纪60年代以来,随着科技进步、生产力发展和劳资关系的演变,市场经济发达国家的劳动经济科学有了进一步发展,新成立的劳动经济研究所不断出现,劳动经济学专著和教科书不断出版,论文和研究报告不断发表,呈现出持续发展的形势。总的来说,西方劳动经济学从产生到现在已经有100多年,大体上经历了劳工运动、劳动问题和劳动经济几个发展阶段,并随着市场经济国家社会和经济环境的不断发展和变化,不断产生对劳动力市场分析和研究的新需求,劳动经济学的理论日益丰富。

我国劳动经济学的发展经历了一个曲折艰难的过程。最早出版的劳动经济学著作可追溯到1927年著名社会学家陈达的《劳动经济概论》和《劳动经济学》。但当时劳动经济学只是一门课程,未形成一门独立的学科,劳动经济学成为一个独立学科和专业是新中国成立以后。1958年,北京劳动学院开设劳动经济本科专业,标志着我国劳动经济学专业的诞生,但由于高度集中的计划经济体制及其控制下的计划劳动经济体制的束缚,我国劳动经济学的理论和体系基本上处于停滞不前的状态。经过30多年的改革开放,计划经济时代所形成的束缚经济增长和发展的"城乡隔离"的劳动制度实质上已经解除,城乡一体化的劳动力市场开始出现,随着劳动力市场的发展,劳动关系也发生一些新的变化。同时随着我国城镇非国有企业的劳动力队伍的壮大,对传统国有经济的非市场的"职工"的发展模式构成了巨大的压力和挑战,这种挑战迫使传统的管理体制进行深层次的变革。这种变革的方向是建立以需求为主导的市场经济体制及其相适应的劳动经济体制。

综上所述,我国劳动经济学以及劳动经济学科的建设和发展经历了一个漫长曲折的发展阶段。从劳动经济学科发展轨迹可以看出,我国劳动经济学科建设和发展不仅受经济和政治上的限制,更受到人们思想认识上的困扰。如建国早期,有人认为劳动工作政策性强,不需要科学知识,怀疑在大学设系科培养干部的必要性。这种看法导致1952年院系调整中取消了各大学中的劳动教学组。在此以后,又有人认为劳动经济是工业经济的组成部分,有了工业经济系,就不必另设劳动经济系,这种看法导致1953年中国人民大学取消了附设的劳动专修科。在1958年北京劳动学院成立以后,又有人认为这是硬搬苏联的经验,不符合中国的国情,到了"文革"期间,更有人认为劳动经济学科"贩卖苏修黑货","培养修正主义苗子",这种错误思想成为1969年北京经济学院连同劳动经济系被撤销的理由之一。改革开放以后，随着我国经济与社会的进步，劳动经济学科因其研究、解释的社会经济现象十分重要，得到了迅速的发展。1985年中国人民大学建立了劳动经济专业，1986年北京物资学院、重庆工学院等院校也开设劳动经济专业。到1998年教育部调整本科目录时，全国已有数十所大学举办劳动经济本科专业。特别值得一提的是，由于我国的国情使然，劳动经济学孕育出了发展十分迅速，受到广泛关注的人力资源管理、劳动与社会保障、劳动关系三个本科专业。

进入21世纪，民生问题日益受到关注，劳动经济学因以就业、收入分配、社会保障、人力资源开发、职业发展等民生问题为研究领域，使其成为经济学家族中最直接紧密地与民生问题相连的经济学科，在一些情景下甚至多次被人称为"民生经济学"。面对我国社会经济的大变革、大发展，劳动经济学科必须快速发展，才能满足时代的要求。

三

改革的实践呼唤着理论指导，我国劳动经济体制改革迫切需要深化劳动经济理论的研究，要建立有中国特色社会主义的现代劳动经济理论和学科体系，这需要几代劳动经济学的理论研究工作者和实际工作者坚持不懈的努力，而其中，劳动经济学专业的博士是一支重要的理论研究力量，他们应在继承老一辈劳动经济理论和实践工作者研究成果的基础上，与时俱进，开拓创新，不断拓展研究领域、改进研究方法、加快与国际同行的学术交流，促进劳动经济学理论和实践的发展。

为此，未来的劳动经济学研究应把握以下几个原则：

第一，未来的劳动经济学研究，应当在以劳动力市场为核心的基础上扩展到劳动关系、人力资源开发和劳动政策领域，以适应市场化改革的需要。劳动关系研究是市场经济中极为重要的问题，对劳动关系的研究还要应用管理学、法学、政治学等学科的知识。劳动经济学还应进一步扩展到人力资源开发领域，从宏观领域综合研究人口、教育、培训、就业、收入分配对经济与社会发展的影响。劳动政策研究是政策科学的一个分支，专门研究劳动领域政策的科学，在劳动领域内，有效的充分就业、和谐的劳动关系、完善的劳动保护是各国政府劳动政策的基本目标，我国是社会主义国家，劳动者是社会的主人，劳动政策更有其特殊重要的意义，劳动政策研究应成为一个重要的研究领域。在微观上,劳动经济学应延伸到企业内部劳动力市场,研究人力资源管理的方法与技术,注意用现代经济学方法研究管理中的劳动问题,包括企业组织结构、企业家评价、人工成本分析、劳动安全卫生成本与收益等。在研究方法上要尽快与国际通行的研究方法对接,更多地运用实证的方法、计量的方法,力求研究成果更具实用性。同时,发展我国的劳动经济学不能闭门造车,要加强与国际同行的交流。

第二,未来的劳动经济学研究,应该是运用交叉学科的方法进行的研究。社会的发展,使得现代各个学科对各自的研究对象、研究规范、术语形态和学理体系之间严密界定和严格分工,使学术趋于专门化和职业化。这样的分工使得人类的知识在各个领域取得了许多突破性的深刻、透彻、条理整然的成果。分工使得韦伯早在20世纪初就感叹:"学术已经达到一个空前专门化的阶段,而且这种局面还会一直继续下去。"这样的专业化分工使得"科学家非但不能兼容不同的科学,而且也无法占据某一科学的全部领域。他的研究只限于固定的某一领域,甚至是单独的一个问题"。这样的学术分工和壁垒森严的学科界限造就了越来越专业化学术的同时,则有可能对人类知识的完整性进行人为的阉割!因为分工越是专业,从事相应研究的学者就不得不集中更多的精力来训练他从事学术职业直接所需要的能力。这些能力越是得到强化,其他的能力越是受到损害,得到强化的这些能力就会越加局限在一种固定的形式当中,而学者本人,就会逐渐成为这种形式的奴隶。这样的学科之间的人为阉割可能还会因为学科的封闭状态、学术的近亲繁殖、"劳动学人"这个想象的共同体的共同利益而得到强化,结果往往是造成各个学科门户的株守,新的思维方式与学术方法受到压抑。当前劳动经济学的研究亦是过于流连于内部人自己编织的劳动经济学人工孤岛之上。我们迫切地需要补充新鲜的血液,不断地从这个孤岛上走出来,以便看到更多的风景。我们需要引入经济学的定量分析、管理学的实务操作、社会学的实证调查、人类学的深度个案诠释,甚至是文献计量学的引证分析等方法,而不满足于现在的概念探讨和规则制定。劳动经济学是一个独立的学科,但绝不是一个自给自足的学科。我们的研究需要运用交叉学科的研究方法,打破现有学科之间的隔阂,拓展新的研究领域。布迪厄说过:"哪里突破了学科的藩篱,哪里就会取得科学的进展。"所以随着以后研究的深入,劳动经济学的研究越来越专门化的同时,我们同时将会看到劳动经济学与其他学科之间的相互融合与借鉴,这将是两条并行不悖的主线。

第三,未来的劳动经济学研究,是钱穆先生所说的那种"对本国的历史怀有一种温情和敬意"的研究。我们现在的学术研究，存在着对自己的历史有一种妄自菲薄的倾向，"尊西人若帝天，视西籍如神圣"，近代以来，中国与西方的两个主体，它们之间的文化比较的问题，往往被转换和扭曲为"传统与现代"的单线进化问题，中国为传统，西方为现代，对现代化的渴求使得中国之历史当然而然地处于逻辑的劣势，处于被遗忘的角落。在劳动经济学的研究中我们应该关注中国历史，关注我们祖先的生产和生活条件而形成的行为方式。只有对历史把握住了，才能具有陈寅恪先生所说的那种对古人的"了解之同情"，而不是一味地咒骂历史。

第四，未来的劳动经济学研究，应该是关注中国的国情和实践的研究。马克思说"问题就是时代的声音"。坚持理论联系实际，注意研究带全局性的战略问题，是我们党的优良传统。因此，我们希望劳动经济学的研究，应该面对中国的国情、中国的现实。英美怎么样、法德又如何的西方经验，只是解决它们的问题的知识，同样是"地方性的知识"，并不是普适的知识，并不能想当然地适用于中国。现在言必称西方的研究，过分的倚重于域外经验，自觉不自觉地把西学要解决的西方的问题当成我们当下要解决的问题，这其中就缺乏对我们的现实和国情的把握与了解。我们的研究应该更多地关注中国的劳动实践和中国劳动经济问题，不能让劳动经济学的研究因为缺乏实证成为抽象的、空洞的，成为知识精英在书斋里的专有物品，使其堕落为脱离大众的、贵族式的、奢侈的、干瘪无味、概念游戏般的研究。

四

首都经济贸易大学劳动经济学博士点正是基于对未来劳动经济学研究的企盼，对自己的博士生提出了严格的要求。要求博士生从入学之日起，"老老实实做人，踏踏实实治学"，平时严格标准精心管理。学生在校期间，有繁重的读书任务、充实的课堂教学、健康多样的师生沟通渠道；还有走出校门的调查、实践和挂职锻炼等要求；培养方案中有导师组的集体训话、严格的开题环节、预答辩程序、淘汰筛选机制；最后还有非常正规的答辩程序。从取得博士点以来，我校劳动经济学博士生的质量在国内一直名列前茅。

为总结交流计，也为宣传传播计，更为争鸣批判计，我们决定出版《首都经济贸易大学劳动经济学博士论文文库》，甄选学术质量较高的劳动经济学博士论文结集出版。在文库付梓之际，有两点声明：一是博士论文文责自负;二是刊印之论文是著者在答辩之后根据答辩委员会老师的意见又进行了深度加工和文字的扩充。

《首都经济贸易大学劳动经济学博士论文文库》不求立言以存于后世，只愿能为我首都经济贸易大学之学术振兴，尽一己绵薄之力。劳动经济学研究之路漫漫其修远兮，吾将上下而求索。愿我校劳动经济学科层楼更上，愿首都经济贸易大学生生不息！

学子放言贵无忌，新论迭出敢争鸣，愿此文库成为首都经济贸易大学学子学术探讨的阵地，思想火花迸发的源泉。

同时，也希望作者和读者与我们一起，关心、爱护这套丛书，共同办好这部文库！

中国劳动学会副会长
中国人力资源开发研究会副会长
首都经济贸易大学劳动经济学院院长、教授、博士生导师
杨河清
2008年11月1日于北京朝阳校区

目 录

前言 ……………………………………………………………………… 1
1 导论 …………………………………………………………………… 1
 1.1 选题背景 ………………………………………………………… 1
 1.2 研究意义和研究方法 …………………………………………… 4
 1.3 基本范畴界定 …………………………………………………… 7
 1.4 结构安排及技术路线 …………………………………………… 25
 1.5 研究前沿及创新点 ……………………………………………… 27
 1.6 本研究的不足之处 ……………………………………………… 28

2 国内外生产性服务业就业研究现状及评述 ………………………… 29
 2.1 国外研究现状及评述 …………………………………………… 29
 2.2 国内研究现状及评述 …………………………………………… 37

3 中国生产性服务业的发展与就业增长的现状 ……………………… 45
 3.1 中国生产性服务业发展的现状分析 …………………………… 45
 3.2 中国生产性服务业就业的现状分析 …………………………… 55
 3.3 本章小结 ………………………………………………………… 65

4 生产性服务业影响就业的作用机理 ………………………………… 67
 4.1 生产性服务业发展促进就业增长的理论分析 ………………… 67
 4.2 生产性服务业与其他产业互动发展 …………………………… 78
 4.3 生产性服务业带动就业增长的机理 …………………………… 84
 4.4 本章小结 ………………………………………………………… 86

5 中国生产性服务业对就业的影响效应测定 ………………………… 87
 5.1 就业贡献度 ……………………………………………………… 87
 5.2 直接就业效应 …………………………………………………… 92

5.3　间接就业效应 …………………………………………… 98
　　5.4　就业潜力 ……………………………………………… 103
　　5.5　本章小结 ……………………………………………… 111

6　中国生产性服务业就业增长影响因素的理论分析 ………… 113
　　6.1　基于需求视角的生产性服务业就业增长影响因素分析 …… 113
　　6.2　基于供给视角的生产性服务业就业增长影响因素分析 …… 120
　　6.3　本章小结 ……………………………………………… 128

7　中国生产性服务业就业增长影响因素的实证分析 ………… 130
　　7.1　影响因素分析的理论模型 …………………………… 130
　　7.2　样本数据和变量分析 ………………………………… 130
　　7.3　构建计量模型与实证检验 …………………………… 134
　　7.4　本章小结 ……………………………………………… 142

8　基本结论与政策建议 ………………………………………… 144
　　8.1　基本结论 ……………………………………………… 144
　　8.2　政策建议 ……………………………………………… 148

参考文献 …………………………………………………………… 152

附录　本书撰写所采用的原始数据和调整数据 ………………… 161

后记 ………………………………………………………………… 166

前 言

就业问题,不仅与国家的社会经济发展和民众的生活紧密相关,同时也是国家能否实现社会稳定的重要基础,备受世界各国的深切关注。中国是一个人口众多的发展中国家,有着巨大的就业压力,促进就业增长对中国经济的平稳运行、社会的稳定发展和人民生活水平的不断提高大有裨益。如今西方发达国家正步入服务经济时代,服务业在拉动经济增长和就业增长方面的贡献已经超过70%,并且伴随着服务业的发展,消费性服务业的比重日渐下降,生产性服务业的比重日益上升,其增速不仅高于第三产业的平均水平,也远高于整个国民经济的平均增速。生产性服务业已成为西方发达国家拉动就业增长的重要力量和主要渠道。

生产性服务业和消费性服务业是按照服务满足中间需求或最终需求的特征而在服务业内部的进一步划分。生产性服务业为生产活动和生产者提供中间投入性的服务,属于知识、技术和资本密集型服务业,处于价值链的高端,在生产过程中发挥着重要作用。与此对应,消费性服务业主要为个人和家庭消费者提供各种服务产品。一国社会分工水平、服务业发展的深化程度、生产者与消费者各自服务需求被满足的程度,可以通过生产性服务业与消费性服务业的规模对比,及其占国内生产总值的比重反映出来。产业经济学的相关理论分析表明,生产性服务业对国民经济其他产业部门的发展产生了强劲的带动和支持作用,它的稳步和持续增长对于经济增长和就业增长、产业结构和就业结构优化升级发挥着重要的作用。与生产性服务业相比,消费性服务业对就业的影响比较难以定性,它对就业的作用可能是促进,也可能是挤出或替代。

中国自改革开放以来经济的持续和快速增长主要是由第二产业,特别是工业的高增长所带来的,但在就业方面,无论是就业增加量,还是就业增长速度,服务业在三次产业当中都是贡献最大的。然而,目前在中国生产性服务业就业研究还是一个崭新的课题,对生产性服务业的定义与分类尚未统一,相关研究仍处于起步阶段,理论研究和实证分析还比较薄弱,深入的研究和有效的结论较为缺乏。中国生产性服务业就业的现状特征如何?生产性服务业与其他产业,特别是制造业互动关联发展对就业产生的影响如何?其带动就业增长的作用机理是怎样的?其直接和间接就业贡献有多大？就业增长潜力如何？影响其就业增长的因素有哪些？这些问题都值得我们深入探讨,从而形成对生产性服务业就业较为完善的研究体系。

在全球面临着经济衰退和失业问题困扰的今天,鉴于西方发达国家生产性服务业在促进就业方面令人瞩目的成绩,同时出于中国产业结构升级和就业结构优化的考虑,研究处于价值链高端的生产性服务业就业问题,对于尽快消除经济衰退对中国就业产生的消极影响,从根本上缓解中国当前的就业压力、解决失业问题具有重要的现实意义。

本书运用计量经济学方法,借助大量理论知识,深入而系统地研究了生产性服务业发展对就业产生的影响。在分析生产性服务业发展特征和就业现状的基础上,探讨其影响就业的作用机理,测定其对就业的影响效应,找出其影响就业增长的诸多因素并进行实证检验与分析。通过研究,本书得出以下基本结论：

中国生产性服务业集聚式发展趋势明显,格局特征为大区域集中、小区域分散,集中与分散并存,中心外围式的圈层集聚格局较为常见。中国当前生产性服务业与制造业呈现出互动融合的发展趋势。生产性服务目前呈现出虚拟化、网络化和外包化的趋势。产业链和行业链延伸发展趋势明显。中国生产性服务业在国民经济中的地位较高,但规模较小、发展水平较低,在与制造业的联动发展中存在困难和问题,还存在着有效集聚程度偏低等制约行业发展的问题。

生产性服务业的发展与就业功能的发挥是联动的。伴随着服务业占总就业比重的迅速上升,生产性服务业占服务业就业比重稳中有升、占总就业比重显著增长,内部各分行业就业呈现出差异性和高增长的特点。生产性服务业的就业比重低于产值比重,就业增长滞后于产值增长,占服务业就业比重仍低于消费性服务业,占总就业比重无论是与发达国家相比,还是与一些发展中国家相比都处于较低水平。

生产性服务业带动就业增长的作用机理,主要是通过其独特的中间性服务功能来影响国民经济力量的内在传导机制,最终诱发并促进国民经济发展和总体就业增长。其遵循的基本路径是:生产性服务业的发展⟹经济增长⟹就业增长。生产性服务业一方面通过自身发展直接促进就业增长;另一方面通过与其他产业,主要是制造业的互动融合发展,以及产业部门间的前向与后向关联,间接促进就业增长。

就业效应的测定发现,生产性服务业在间接带动就业增长方面的优势非常显著,充分表明它对其他产业的协同、关联和波及作用;消费性服务业的直接就业效应更加明显;生产性服务业在国民经济各部门中成本利税率最高,就业吸纳空间较大;具有较高的结构负偏离度,表明其较强的就业吸纳潜力。

影响因素的理论分析表明,经济发展水平、经济发展模式、体制因素、市场机制、政策因素和技术进步因素影响着生产性服务业的发展和就业增长。实证分析则表明在所选取的时间段里,外资依存度、城市化率和第三产业资金产值率的影响并不显著;促进作用中人均国内生产总值影响程度最强,其次是第三产业与第二产业增加值比重;技术进步带来的劳动生产率提高,经济开放带来的外贸依存度提高和政府增加预算干预市场的力度会对生产性服务业就业产生负面影响,出现就业替代或挤出。

本书采用规范分析与实证分析相结合、定性研究与定量研究相结合的方法对中国生产性服务业就业进行了比较全面的论述。全书共有8章,可分为四个板块。第一个板块是基础理论和基本现状研究。主要包括第1章、第2章、第3章。第二个板块是基本作用机理和就业效应研究,主要包括第4章、第5章。第三个板块是影响因素研究,包括第6章、第7章。第四个板块是第8章基本结论与政策建议。

本书做到了理论与实践结合、宏观与微观结合、多层次全方位论证,具有三个特点。

(1)引入前沿理论,提出新颖观点。本书系统地介绍了国内外生产性服务业与就业关系的经典理论和前沿理论,在生产性服务业发展与就业增长研究的很多方面提出了自己的观点,以保持本书的理论前沿性和时代特色。

(2)创新分析方法,更加符合国情。本书创新性地构建了生产性服务业就业增长影响因素的概念模型,创新性地使用了统计学的"三次界定法",对生产性服务业进行重新界定分类,使得划分的结果更加符合中国经济发展的实际情况。

(3)构建完整体系,全面深入论证。本书构建了系统性研究生产性服务业就业的理论框架,在框架中深入探讨了生产性服务业对就业影响的作用机理,通过多种实证方法测定了中国生产性服务业的就业效应,从需求和供给两大视角分析了影响生产性服务业就业增长的因素,得出基本结论并提出政策建议。

1 导论

1.1 选题背景

就业问题关系到国家的国计民生，也是劳动经济学研究和关注的一个重要课题。作为一个人口众多的发展中国家，中国有着巨大的就业压力，促进就业对中国经济的平稳运行、社会的稳定发展和人民生活水平的不断提高大有裨益。如今，西方发达国家正逐步步入服务经济时代，服务业在拉动经济增长和就业增长方面的贡献已超过70%[①]，并且伴随着服务业的发展，消费性服务业的比重日渐下降，生产性服务业的比重日益上升，其增速不仅高于第三产业的平均增速，也远高于整个国民经济的平均增速。作为第三产业内部一个快速成长的亚产业，生产性服务业目前是西方发达国家拉动就业增长的重要力量和主渠道。

生产性服务业和消费性服务业是按照服务满足中间需求或最终需求的特征而在服务业内部进行的进一步划分。生产性服务业为生产活动和生产者提供中间投入性的服务，在生产过程中发挥着重要作用，属于知识、技术和资本密集型服务业。与此对应，消费性服务业主要为个人和家庭消费者提供各种服务产品。一国社会分工水平、服务业发展的深化程度、生产者与消费者各自服务需求被满足的程度，可以通过生产性服务业与消费性服务业的规模对比，及其占国内生产总值的比重反映出来。产业经济学的相关理论分析表明，生产性服务业对国民经济其他产业部门的发展产生了强劲的带动和支持作用，它的稳步和持续增长对于经济增长和就业增长、产业结构和就业结构优化升级发挥着重要的作用。与生产性服务业相比，消费性服务业对就业的影响较难定性，它对就业的作用可能是促进，也可能是挤出或替代。

生产性服务业为西方发达国家现代经济增长发挥了强大的助推作用。细观西方发达国家第二次世界大战以来的统计数据发现，其第三产业的规

---

① 刘小方. 中国生产性服务业的就业效应及其影响因素研究［D］. 长沙：湖南大学学位论文，2007.

模是在日益扩张的,在第三产业内部,公共服务业的比例不断下降,消费性服务业的相对比重趋于稳定,而金融业、商务服务业、交通运输邮政业、科学研究和技术服务业等,为生产者提供服务的生产性服务业相对规模上升趋势最为明显。产生这一变化趋势的主要原因是,专业化分工日益细化缩短了技术更新周期,引发交易成本的提升和知识性生产部门的扩张,使得生产部门开始大量需求为生产者提供的各种服务。生产性服务业依附于制造业而存在,以知识性资本和人力资本作为主要投入,可以降低交易成本,有效传递技术和专业知识,并能够显著提高生产产品和提供服务的效率,因此,它为现代经济增长起到了强有力的润滑和推动作用。经济增长对生产性服务需求的急剧增加,也促进了生产性服务业的快速发展。伴随其总量的迅速扩张和结构的不断优化,生产性服务业促进就业增长的潜力越发充分地释放出来,目前已经成为西方发达国家解决就业问题最重要的力量之一①。随着时间的推移,部分发展中国家也发挥后发优势,将服务业调整特别是加强生产性服务业的发展作为提升产业核心竞争力和吸纳就业的重点。

生产性服务业拉动就业增长作用独特,不仅实现了就业总量的扩张,在岗位稳定性上作用也非常突出。目前,生产性服务业已经远超出其他产业行业,成为西方发达国家就业吸纳能力最强的部门。研究表明:1971—1989年,英国的第一产业和第二产业就业跌幅分别为40%和35%,第三产业就业增幅为30%,第三产业内部的生产性服务业增长高达76%,而其他服务业增幅仅为23%②;对美国和加拿大的研究表明,1977—1996年,生产性服务业的就业增长分别是两国总就业增长的2倍和3.7倍,对新增就业的贡献度分别达到25%和33%,就业吸纳能力显著③;再如,1975—1995年,美国新增就业岗位增长率为50%,岗位数量高达5 000万个,其中,生产性服务业新增就业岗位增长率高达101%,是全国平均增长率的

---

① 徐芳,张文亦. 生产性服务业的发展与残疾人就业促进 [J]. 教学与研究, 2008 (3): 54 – 58.

② Linda Julef. The Struture of Advanced Producer Service Employment in Great Britain (1971 – 1989) [EB/OL]. Social Science Working Paper No. 4. ftp://all.repec.org/RePEc/wuk/napier/sswp4. PDF, 1993. 1 – 14.

③ Beyers W B. There's Gold in Them There Producer Services [J]. Policy Options, 1999, November.

2.02 倍①；在加拿大，1977—1996 年，净增就业岗位 370 万个，增长率 37%，其中生产性服务业的新增就业岗位增长率高达 138%，是全国平均增长率的 3.73 倍②。对生产性服务业所提供的就业岗位的研究表明，其全职工作岗位的比例更高，例如，在美国，生产性服务业提供的全职就业岗位约占全职岗位总数的 25%；在加拿大，这一比重超过了 30%③。因此，生产性服务业在实现了就业总量扩张的同时，在就业岗位的稳定性上也发挥了突出的作用。

当前，中国已经充分认识到生产性服务业与其他产业和行业的关联性，并已明确了其在经济增长和产业结构调整中的位置和作用，在中国国民经济和社会发展十一五和十二五规划中均重点提出加快发展生产性服务业。生产性服务业大多属于价值链高端，其从业人员收入较高，是国家中上等收入者的主体。事实上，中等收入群体规模的扩大和消费能力的增强是带动第一产业、第二产业和消费性服务业从业者收入水平提高的重要力量，它能促进居民总体收入水平的提高，进而增加全社会对诸如文化、旅游、健康等新型和高端消费性服务业的需求，最终带动生产性服务业的迅速发展，全面实现产业结构升级，最终形成以服务经济为主的产业结构。中国的十一五规划纲要强调要加快发展服务业，在将服务业划分为生产性服务业和消费性服务业两个亚产业的同时，着重提出要大力发展生产性服务业和具备高附加值的服务业，具体内容为：应优先发展生产性服务业，重点发展信息服务、科技研发与技术服务、现代物流、工程装备配套服务、工业咨询等生产性服务业；同时，应先从与制造业直接关联的生产性服务业开始，主动承接国际服务外包等④。此后的十二五规划纲要进一步指出，要深化专业化分工，加快服务产品和服务模式创新，促进生产性服务业与先进制造业融合，推动生产性服务业加速发展，具体包括有序拓展金融服务业、大力发展现代物流业、培育壮大高技术服务业、规范提升商务服务业等⑤。

---

① Beyers W B. There's Gold in Them There Producer Services [J]. Policy Options, 1999, November.
② Beyers W B. There's Gold in Them There Producer Services [J]. Policy Options, 1999, November.
③ Beyers W B. There's Gold in Them There Producer Services [J]. Policy Options, 1999, November.
④ 中华人民共和国国民经济和社会发展十一五规划纲要. 2006-03-17.
⑤ 中华人民共和国国民经济和社会发展十二五规划纲要. 2011-03-16.

中国自改革开放以来，经济的持续和快速增长主要是由第二产业特别是工业的高增长所带来的，但在就业方面，无论是就业增加量，还是就业增长速度，服务业在三次产业当中都是贡献最大的。中国三次产业的就业趋势是：第一产业持续下降，第二产业稍有上升或保持稳定，第三产业就业比重持续上升。而对于第三产业内部，目前有研究表明，中国传统的消费性服务业容纳了更多的就业[1]。事实上，中国对第三产业内部生产性服务业和消费性服务业的就业吸纳效应的测定和研究还是较为缺乏的，但从发达国家的发展经验看，随着专业化分工的日益深入和市场环境的日益完善，中国将有更多的为生产者提供服务的环节外部化，逐步形成更加独立完善的产业，并创造更多的就业岗位。

在当前中国诸多就业问题中，最突出、最为社会关注的就是高素质劳动力（包括大学生）的就业难问题，在全球经济下滑的大背景下，这个问题被进一步放大，形势越发严峻。同时，我们也要看到，随着制造业加工程度的日益精深化，其对生产性服务的需求也随之增加。处于价值链高端的生产性服务业，特别是知识和技术密集型的生产性服务业，如金融业、科学研究和技术服务业，以及商务服务业等，能够为中国高素质劳动力创造并提供更多的就业岗位，这将为解决高素质劳动力就业难问题提供一个思路。

1.2 研究意义和研究方法

1.2.1 研究意义

本书在理论上提供了以生产性服务业就业的研究为主线，系统研究生产性服务业发展与就业关系的分析框架。在分析框架中，本书探讨了生产性服务业对就业影响的理论机制，即生产性服务业如何影响就业，并通过哪种途径发挥作用。在通过多种方法对生产性服务业的就业效应进行测定的基础上，为充分挖掘中国生产性服务业的就业潜力，本书从需求和供给两大视角对影响生产性服务业就业增长的因素进行了深入的探讨，并在此基础上构建了生产性服务业就业增长影响因素的理论模型。这个理论模型的要素选取及其所反映的关联关系切

---

[1] 杨玉英. 对中国加快发展生产性服务业意义的再认识[J]. 宏观经济管理, 2009 (3): 50-52.

合中国当前实际,为深入展开对生产性服务业就业影响因素的实证检验提供了理论基础和前提。

在现实方面,当前全球正面临着经济衰退的威胁,失业问题困扰着世界各国。全球经济下滑所影响的就业涉及多个行业和领域,不仅包括金融业,还包括很多实体经济行业,如制造业、食品饮料加工业、汽车业、IT行业和互联网等行业的就业都受到不同程度的影响。例如,在华尔街,失业和裁员遍布各个角落,美国和日本等国的汽车行业面临严重的危机,知名汽车企业如克莱斯勒、通用汽车都进行了大规模的裁员,知名饮料公司如百事可乐、可口可乐销量大减,不得不在全球范围内关闭工厂、裁减员工。

受到经济衰退的影响,中国的就业状况也不乐观。首先,中国城镇失业率一直居高不下,城镇登记失业人员将近 700 万人,下岗人员 800 多万,待岗等事实上已经失去工作的人员估计在 500 万人以上,汇总起来,实际的失业人数已经达到 2 000 万人以上[①]。其次,中国劳动力市场始终存在着较为突出的供需矛盾,主要表现为大学生毕业即失业,失业问题愈发突出;新增劳动人口进入高峰期,就业形势愈发严峻;下岗职工再就业,虽解决力度不断加大,但问题仍然很多;中国农村仍存在数量庞大的剩余劳动力。再次,与经济理论中高增长伴随高就业相反,中国的经济高增长与高失业并存,而导致这一问题的主要原因是,中国原有的劳动密集型经济增长方式和经济体制下形成了劳动力素质不高和总量过大的问题,一方面不适应当前市场化和现代化的发展现状,另一方面无法满足经济增长方式快速转变的需要,所以导致失业增加[②]。

从产业发展趋势看,发达国家和发展中国家的产业结构都有服务化的趋势,但目前生产性服务业只在发达国家得到蓬勃发展,而发展中国家的服务业比较集中在消费性服务业,虽然同属于服务业范畴,但是对经济发展和就业促进的作用截然不同。从当前中国服务业看,长期存在总量不足,结构不合理,国际竞争水平较低等矛盾,而转变经济增长方式、调整经济结构是保持经济持续稳定增长的动力所在。全球经济衰退迫使世界经济从"高碳经济"转向"低碳经济",而中国经济同时还面临从出口到内需的战略性转型问题。服务业天然具有"低碳"和"内需"的双重属性,

---

① 张宏英. 中国当前的失业问题研究 [J]. 佳木斯教育学院学报,2011 (4):4-6.
② 翟青. 谈谈目前中国失业现状及解决办法 [J]. 时代教育,2012 (14):3.

同时还具备很强的就业吸纳能力。生产性服务业的一个重要特点是人力资本密集性，它处于价值链的高端，在促进传统产业升级和就业结构优化方面发挥着重要作用。目前，中国生产性服务业发展水平较低，在国民经济中的地位和作用不突出。然而，鉴于世界范围内生产性服务业在促进就业方面令人瞩目的成绩，同时出于中国产业结构升级和就业结构优化的考虑，本书对该问题展开探讨，目的是通过分析找出生产性服务业发展与就业增长之间的内在联系，以发挥其带动经济增长和就业增长的功能，并为中国有针对性地制定相关发展规划提供依据。

就业问题已经成为影响整个国家的社会问题，越来越受到政府的重视。当前中国在把发展服务业作为解决就业难题的主要路径时，更应关注目前在世界范围内备受瞩目的就业拉动作用突出的生产性服务业。研究中国生产性服务业的就业效应，明确其就业吸纳能力的大小，分析其内部各个子行业对经济增长和就业增长的贡献和差异性，对尽快消除经济衰退对中国经济和就业产生的负面影响，缓解中国当前就业压力、解决失业问题具有重要的现实意义。

1.2.2 研究方法

1.2.2.1 实证分析和规范分析相结合的方法

实证分析旨在对实际情况做出客观与本源的研究，它是在分析既定客观事实的基础上，回答现实"是什么"的问题，它不带有任何价值判断的东西。与此对比，规范分析则是在实证分析的基础上，在一定价值观念的指导下，回答现实"应该怎样"的研究方法。规范分析以实证分析作为基础，也是实证分析的目的。本书大量运用了实证分析的方法，例如，通过采用投入产出的分析方法构建的就业贡献模型，测算中国生产性服务业的就业贡献，在量化该行业发展对本行业直接产生的就业需求和带动其他行业发展间接产生的就业需求的基础上进行比较和鉴别。此外，本书还使用了规范研究的方法，例如，在分析生产性服务业影响就业的机理，以及就业增长的影响因素分析方面运用了规范研究的方法。

1.2.2.2 定性研究和定量研究相结合的方法

定性研究和定量研究的研究方法存在不同。定性研究是指对某个事物或者某一类社会现象进行研究，运用归纳、比较、分类等分析方法，进而概括出某个事物或某一类社会现象的性质与特性。定量研究则是运用一定的数量统计的方法对某一事物或社会现象进行数量上的比较分析和统计分析，进而得出一定的结论。例如，本书在分析生产性服务业拉动第三产业就业增长的具体人数和比重，以及生产性服务业内部各分行业就业的具体人数和比重时就采用定量研究方法。而在分析生产型服务业就业增长影响因素之间相互的关联和制约关系时则使用定性研究。

1.3 基本范畴界定

1.3.1 生产性服务业的理论界定

1.3.1.1 生产性服务业的内涵

目前，学术界对生产性服务业内涵的认识和界定存在较大的差异（见表1-1），总体而言从两大研究视觉进行定义：一是从投入产出的角度进行定义，学者认为，生产性服务业主要依附于制造业而存在，并为其提供服务，它扮演着中间连接者的重要角色，主要满足中间性需求。二是从产业属性的角度出发进行定义，学者认为，生产性服务业应是知识性产出的产业，其中，包含大量的人力资本，以提供科学的、专业的和技术性的服务为主。

表1-1 生产性服务业的定义

作者	时间（年）	定义
马克卢普（Machlup）	1962	生产性服务业必须是知识产出产业，它为生产与销售提供各种专业知识[*]
格林菲尔德（Greenfield）	1966	生产性服务业是企业、非营利组织和政府主要向生产者而不是最终消费者提供服务或劳动产品[**]
马歇尔（Marshall）	1987	生产性服务业是直接或间接从事市场中交易的专业信息业，其需求与供给的地点不一定相同[***]

[*] Machlup F. The Production and Distribution of Knowledge in the United States [M]. Princeton: Princeton University Press, 1962: 1 – 25.

[**] Greenfield H. Manpower and the Growth of Producer Services [M]. New York: Columbia University Press, 1966: 102 – 26.

[***] Marshall J. Understanding the Location and Role of Producer Services in the UK [J]. Environment and Planning, 1987 (19): 575 – 595.

续表

作者	时间（年）	定义
诺叶尔和斯塔贝克（Noyelle&Stabaek）	1984	生产性服务业不是直接用来消费、直接可以产生效用的，它是一种中间投入，为生产者提供中间产出，用来生产其他的产品或服务，它扮演着一个中间连接者的重要角色，是生产者生产过程的媒介*
格鲁伯和沃克（Gruble&Walker）	1989	
科菲和波利斯（Coffey&Polese）	1989	
马登和斯塔尔（Madden&Stull）	1990	生产性服务业是涵盖中间产出的服务，也就是协助企业或组织生产其他产品及劳务，而非提供给私人或家庭消费**
盖雷，诺叶尔和斯塔贝克（Gadrey, Noyelle & Stanbaek）	1990	当企业为消除或降低其内部自行提供生产性服务功能，而通过外在独立公司签订契约，尤其提供给满足所需的服务***
朱莉芙（Juleff）	1996	生产性服务业是依靠制造部门并为其提供服务的产业****
拜尔斯和林达尔（Beyers & Lindahl）	1996	生产性服务业是主要提供专业性、科学性和技术性服务的产业*****

* 孙永波. 我国生产性服务业发展存在的问题及对策研究 [J]. 经济纵横, 2009 (3): 68 – 70.

** Madden J F, Stull W. Post – Industrial Philadelphia: Structural Changes in the Metropolitan Economy [M]. Philadelphia: University of Pennsylvania Press, 1990: 1 – 21.

*** Gadrey J, Noyelle T, Stanbaek T M. Productivity in Air Transportation: A Comparisons of France and the United States [Z]. Working Paper, Univeriste de Lille and Eishenhower Center for Conservation of Human Resources, 1990: 19 – 78.

**** Juleff L E. Advanced Producer Services: Just a Services to Manufacturing? [J]. The Service Industries Journal, 1996, 16 (3): 389 – 400.

***** Beyers W B, Lindahl D P. Explaining the Demand for Producer Services: Is Cost – driven Externalization the Major Factor? [J]. Papers in Regional Science. 1996, 75 (1): 351 – 374.

续表

作者	时间（年）	定义
希尔（Hill）	1999	生产性服务业是将服务投入厂商或产业总成本的形式，且使用中间投入到最后产出*
康弗（Coffer）	2000	生产性服务业扮演着中间连接者的重要角色，用来生产其他的产品或服务，是一种中间性投入产业**
钟韵，闫小培	2005	生产性服务业是为生产、商务活动和政府管理提供服务，而非直接向消费性服务的个体使用者提供的服务；它不直接参与生产转化或者物质转化，但又是任何工业生产环节中不可缺少的活动***

* Hill P. Tangibles, Intangibles and Services: A New Taxonomy for the Classification of Output [J]. Canadian Journal of Economics, 1999, 32 (2): 426 – 446.

** Coffey W. The Geographies of Producer Services [J]. Urban Geography, 2000, 21 (2): 170 – 183.

*** 钟韵, 闫小培. 西方地理学界关于生产性服务业作用研究述评 [J]. 人文地理, 2005, 20 (3): 12 – 17.

1.3.1.2 生产性服务业的外延

对生产性服务业外延的界定也存在较大的争议，不同国家和地区对生产性服务业的行业分类有不同的界定标准。很多国外学者倾向于选取某些特定的生产性服务行业进行研究，如信息、通信、技术服务，金融、保险、房地产等。从理论上看，以上部门均具有知识密集、技术密集或资金密集等特征，虽然并非生产性服务业的全部部门，但确为生产性服务业内部的主体部门，具有极高的重要性和代表性。中国政府在《国民经济和社会发展第十一个五年规划纲要》和《国务院关于加快发展服务业的若干意见》（国发〔2007〕）中强调生产性服务主要包括六个方面的服务：①现代物流；②信息服务；③金融服务；④科技服务；⑤商务服务；⑥商贸流通。总体看，目前的研究主要是从服务类型、服务内容和生产性服务业在价值链中所处的位置对其外延加以界定（见表1-2）。

表1-2 生产性服务业的外延

类别	分类者	生产性服务业的外延
服务类型	勃朗宁（Browing）等（1975）；乔伊（Goe）（1990）	通信、银行、信用及其他金融服务、保险、房地产、工程与建筑服务、会计与审计服务、各类商业服务、法律服务＊＊＊
	德雷南（Drennan）（1989）	商业服务、法律与专业服务、金融、大众传播＊＊＊
	科菲（Coffey）等（1993）	工程服务、企业管理咨询、会计、设计、广告＊＊＊＊
	钟韵等（2003）	金融保险业、房地产业、信息咨询服务业、计算机应用服务业、科学研究与综合技术服务业＊＊＊＊＊
	伦德奎斯特（Lundquist）等（2008）	信息和通信技术服务、营销、广告、设计和其他咨询、科研、证券服务、机械设备相关租赁业、金融和法律服务、技术和工程咨询、工业批发＊＊＊＊＊＊
	香港贸易发展局	专业服务、信息和中介服务、金融服务、与贸易相关的服务
	美国商务部（BEA）	商业及专门技术（如电脑、工程、法律、广告及会计服务）、教育、金融、保险、电子传讯、外国政府
	加拿大	金融、保险、不动产、商业服务（法律、会计、计算机服务、广告）、建筑业（项目管理和土地利用）、人员培训
	英国标准产业组织（SIC）	批发零售业、废弃物处理业、货运业、金融保险、法律服务、会员组织、其他专业服务
	Marshall 马歇尔等（1988）	与信息处理相关的服务业，如流程处理、研发、广告、市场研究、摄影和传媒等；与实物商品相关的服务业，如商品销售和储存、废物处理、设备安装、维护和修理等；与个人支持相关的服务，如福利服务、保洁等＊＊＊＊＊＊＊

　　＊Browing C，Singleman J. The Emergency of a Service Society：Demographic and Sociological Aspects of the Sectoral Transformation in the Labor Force of the USA National Technical Information Service ［J］．Springfield Virginia，1975：13-32.

　　＊＊Goe W R. Producer Service, Trade and the Social Division of Labor ［J］．Taylor and Francis Journals，1990（24）：327-342.

　　＊＊＊李金永．上海生产性服务业发展研究［D］．上海：复旦大学博士学位论文，2005．

　　＊＊＊＊Coffey W J, Bailly A S. Producer Services and Systems of Flexible Production ［J］．Urban Studies，1993（29）：57-68.

　　＊＊＊＊＊钟韵，阎小培．中国生产性服务业与经济发展关系研究［J］．人文地理，2003（5）：47.

　　＊＊＊＊＊＊Lundquist K J, Olander L O, Henning M S. Producer Services：Growth and Roles in Long-term Economic Development ［J］．The Service Industries Journal，2008，28（4）：463-477.

　　＊＊＊＊＊＊＊Marshall N. Services and uneven regional development. Oxford：Oxford University Press，1988．

续表

类别	分类者	生产性服务业的外延
服务内容	Martineli 马丁内利（1991）	资源分配和流通相关的活动，如银行业、金融业等；产品和流程设计及与创新相关的活动，如研发、设计等；生产组织和管理本身相关的活动，如咨询、信息、财务等；与生产本身相关的活动，如质量控制、维持和后勤等；与产品推广和配销相关的活动，如运输、市场营销、广告等*
服务内容	Schrock 施罗克（2003）	与中间投入相关的活动，广告、公共关系、会计和金融；与科技相关的活动，如工程、研究和测试**
服务内容	（Hansen）（1990）	生产性服务业具有促进货物生产或为其他服务的投入而发挥着中间功能，包括上游的活动（如产品设计）和下游的活动（如市场调研）***
价值链	聂清，田曦	上游生产者服务，如产品设计、产品研发；中游生产者服务，如贸易、运输、供应链管理等服务；下游生产者服务，如商务服务和中介服务等；全程生产者服务，如金融保险服务、结算服务等****
价值链	常修泽（2007）	生产性服务业是由制造业支撑的服务业，包括产前服务（企业研究、工业设计等），产中服务（包括以供应链管理为实质的物流服务业等）和产后服务（如营销服务等）

* Martineli F A. Demand – oriented Approach to Understanding Services [M]. in P. W. Daniels and F. Moulaert (eds). The Changing Geography of Advanced Producer Services. London Belhaven Press, 1991.

** Schrock G R. Innovation and High – technology Producer Services: Evidence from Twin Cities Firms [D]. United States: University of Minnesota, 2003.

*** Hansen N. Do Producer Services Induce Regional Economic Development [J]. Journal of Regional Science, 1990, 30 (4): 465–476.

**** 魏江，周丹. 生产性服务业与制造业融合互动发展——以浙江省为例 [M]. 北京：科学出版社, 2011: 29.

显然，学者对生产性服务业内涵和外延的认识并没有形成一致的观点，但对于生产性服务业满足中间需求的特征和中间性的属性却已达成共识（见表1–3），即它主要为各种生产活动提供服务，服务需求者主要是生产者（中间消费者），而非个人和家庭（最终消费者）①。

---

① 与生产性服务业相对应的是消费性服务业。消费性服务业主要是面向个人和家庭最终消费者，为满足人们追求生活质量和精神享受提供服务产品。

表1-3 生产性服务业的特征

特征类型		特征含义
投入特征	中间投入性	作为生产商品或提供其他服务的生产过程投入
	投入形式	一种服务形式的生产资料
	投入特点	具有知识技术密集的特点
产出特征	产出结果	产出通常是有形结果和无形结果的综合体
	产出数量	直接依赖于服务部门和其他产业对生产性服务的需求
	产出质量	包括过程质量和结果质量
	产出性质	产出体现具有人力资本与知识资本的服务
发展特征		具有"外部化"的趋势、具有较强的产业关联性、生产性服务业的布局呈现集中分布态势、动态性
设计和生产过程特征		顾客参与生产过程,生产性服务在一定程度上是定制化、一次性、具有较强的可贸易性
功能特征	中间连接性	在产品生产过程中充当中间连接者的重要角色
	服务对象	服务于生产者的企业而不是消费者的个人
	服务功能	在生产过程中发挥连接、协调、控制、计划和评估等功能

资料来源:徐学军. 助推新世纪的经济腾飞:中国生产性服务业巡礼[M]. 北京:科学出版社,2008:9-10.

1.3.2 生产性服务业的统计学界定

前文在理论上对生产性服务业进行了界定,但实际的定量分析需要从统计意义上将生产性服务业从第三产业中分离出来。事实上,在第三产业内部同时存在着生产性服务业、消费性服务业和混合服务业。混合服务业是指在服务内容和服务对象上存在生产性服务和消费性服务交叉重合的部分。例如,金融业是国内外学者使用频率较高的生产性服务业的代表性行业,但它既为企业提供服务(属于生产性服务),也为个人和家庭提供服务(属于消费性服务),因而从理论上说,它属于混合服务业。因此,学者一直致力于研究统计量化标准,将服务业内部各分行业从统计学的角度进行界定和分类。

国外学者对生产性服务业的统计学界定见表1-4。多年来,国内学者致力于生产性服务业定义及分类方法的统计学探索,也取得了不少进展。

表1-4 国内外学者对生产性服务业的统计学界定及基本评价

	作者	时间（年）	计量研究成果	基本评价
国外学者	莫米利亚诺和西尼斯卡尔科（Momigliano F., Siniscalco D.）	1982	利用投入产出表，将服务业中用于中间需求的部分界定为生产性服务业，数据位于投入产出表的第一象限中（从横向看，作为中间投入被第一、第二、第三产业使用的部分）；这种分类方法认为，服务业中并不明确存在属于生产性服务业或消费性服务业的具体行业，每个服务的分支部门都存在着一定比重的生产性服务业和消费性服务业；这种划分方法既切合了生产性服务业的内涵，又提高了不同年份投入产出表的可比性*	并未对生产性服务业和消费性服务业进行明确的拆分
	格鲁伯和沃克（Herbert G. Grubel, Walker）	1989	避免了复杂的投入产出的计算，先将服务业分为生产性服务业、消费性服务业和政府服务业三部分，然后利用消费支出方面的数据估算消费性服务业的总量，政府服务业的数据则直接采用国内生产总值统计中的数据，最后用服务业总体的数值减去消费性服务业和政府服务业之和得到生产性服务业的总量**	对消费性服务业的估算容易出现偏差，政府服务业中也有一部分是满足中间需求，并未明确内部分行业的划分与统计
	古德曼和斯特德曼（Goodman B, Steadman R）	2002	利用美国2000年投入产出表，将服务业中中间需求率高于60%的部门界定为面向生产者的服务业，将中间需求率低于40%的部门界定为面向消费者的服务业，将中间需求率介于40%~60%的部门界定为混合服务业	中间需求率介于40%~60%的混合服务业仍可进一步深入划分

* Momigliano F, Siniscalco D. The Growth of Service Employment: A Re-appraisal [J]. Quarterly Review, 1982 (35): 138-142.

* * Herbert G Grubel, Michael A, Walker. Service Industry Growth: Cause and Effects [M]. Vancouver: Fraser Institute, 1989.

续表

	作者	时间	计量研究成果	基本评价
国内学者	刘志彪	2006	把整个服务业分为生产者服务、消费者服务、分销服务和社会公共服务或政府服务四大类；分销服务的内容大都属于生产者服务，因此用指标计算生产者服务的价值就是用第三产业的价值减去消费者服务的价值，再减去政府提供的社会公共服务价值后得到的余额*	并未明确内部分行业的划分与统计
	李善同，高传胜	2007	根据中国2002年122个部门的投入产出表计算了服务业内部各分行业的中间使用率和非居民最终消费率；提出狭义和广义生产性服务业：狭义的生产性服务业是指满足的生产者对象是所有产业，从广义上讲，满足的生产者对象不仅包括三次产业，而且包括非政府部门、政府部门和外国部门 具体的做法如下：借助投入产出分析判断主导需求，中间使用率指标衡量狭义的生产性服务业，非居民最终消费比率衡量广义的生产性服务业，采用指标的平均值作为判断标准，高于平均值的划分为生产性服务业，低于平均值的划分为消费性服务**	两种定义口径的具体使用并未提及；对于中间使用率低于标准值，但非居民最终消费比率高于标准值的行业没有进行具体说明
	胡晓鹏	2008	根据新古典经济学关于生产企业的定义，把生产性服务业与企业的生产函数相结合，基于生产企业价值创造和价值实现等环节，将生产性服务业分为对人流的服务、资金流的服务、知识流的服务、信息流的服务和物流服务五类；在此基础上，运用替代性数据测算了中国生产性服务业的总量与结构特征，并从生产性服务业结构优化的角度，区分了外生生产性服务业和内生生产性服务业***	较为全面综合，但有些中间需求率较低的行业被涵盖进来，如教育

* 刘志彪. 论现代生产者服务业发展的基本规律 [J]. 中国经济问题，2006（1）：3-9.

** 李善同，高传明. 中国生产性服务业：内容、发展水平与内部结构——基于1987-2002年投入产出表的分析 [J]. 中国发展评论（中文版），2007（2）：35-42.

*** 胡晓鹏. 生产性服务业的分类统计及其结构优化——基于生产性服务业与制造业互动的视角 [J]. 财经科学，2008（9）：86-94.

续表

	作者	时间	计量研究成果	基本评价
国内学者	王金梅	2011	基于宽、窄判断口径提出二级判断法：初级判断，若某行业的中间需求率>0.5，直接确定为生产性服务业；二级判断，若中间需求率<0.5，净流出>0，参照非居民消费率g_i，如果g_i>0.5（外向主导型）在国内还不是生产性服务业；如果g_i<0.5，则不是生产性服务业；对于中间需求率>0.5的行业，在确定其是生产性服务业之后也可以进一步划分为内向型的生产性服务业和综合型（或内外兼顾型）的生产性服务业；对于有地域等限制的行业，既没有进口也没有出口，那么通过中间需求率就可判断是否为生产性服务业*	比以往研究更加具体全面。但仍可在此基础上将划分标准0.5更加具象化，深入考虑0.4~0.6的区间研究

* 王金梅. 生产性服务业分类新解 [J]. 上海经济, 2011 (2): 44-46.

1.3.3 本书对生产性服务业的界定

1.3.3.1 使用"三次界定法"对生产性服务业进行统计学定义和分类

综合考虑以上方法中的数据可得性以及结果的精确性问题，本书仍采用生产性服务业定义的宽、窄两种口径，在古德曼和斯特德曼（Goodman & Steadman）和二级判断法的基础上，建立统计学的"三次界定法"，以此界定生产性服务业并将其分类。一是选取古德曼和斯特德曼研究中采用的 0.4 和 0.6 的标准，若服务业中某分行业的需求率高于 0.6，则直接界定为生产性服务业；若低于 0.4，则界定为非生产性服务业；若中间需求率在 0.4~0.6，则界定为混合服务业。对于中间需求率高于 0.4 的混合服务业和生产性服务业，从需求的角度切入，进行二次界定和三次界定，将其分成综合型、内向型和外向型生产性服务业。从严格意义上讲，外向型生产性服务业在国内还不是生产性服务业，因此，本书研究的生产性服务业包括综合型和内向型生产性服务业。具体界定方法如下所示。

在投入产出表中，中间使用（中间需求）、居民消费、政府消费、固定资本总额、存货增加和净流出的总和构成了总产出。最终消费是由居民消费和政府消费加总得来，资本形成总额是由固定资本总额和存货增加两部分数据加总所得，最终使用（最终需求）则是最终消费、资本形成总额和净流出（出口减进口）的总和。因此，总产出的计算式可表达为：

$$总产出 = 中间需求(中间使用) + 最终需求(最终使用) \tag{1}$$

对于 i 行业而言，若其中间需求（中间使用）为 x_i，那么

$$x_i = \sum_{j=1}^{n} x_{ij} \tag{2}$$

公式（2）中，x_{ij} 为 j 行业对 i 行业的中间需求量。

若 c_i 为最终消费，c_{ip} 是居民消费，c_{ij} 为政府消费，cap_i 为资本形成，ne_i 为净流出，则 i 行业的总产出 Y_i 的计算表达式为：

$$Y_i = x_i + c_i + cap_i + ne_i \tag{3}$$

中间需求率（本书用 h_i 表示）能够反映某一行业的产品有多大比率满足了其他行业的原材料需求，计算表达式为：

$$h_i = x_i / Y_i = x_i / (x_i + c_i + cap_i + ne_i) \tag{4}$$

非居民最终消费比率（本书用 g_i 表示）计算了总产出减去居民最终消费部分的余额除以总产出而得到的比例，计算表达式为：

$$g_i = (1 - c_{ip}) / Y_i = (1 - c_{ip}) / (x_i + c_i + cap_i + ne_i) \tag{5}$$

对计算表达式（4）和（5）中的净流出 ne_i 进行求导（表达式如(6)和(7)所示）发现，ne_i 对中间需求率和非居民消费比率的影响显著。

$$\partial h_i / \partial ne_i = - x_i / (x_i + c_i + cap_i + ne_i)^2 \tag{6}$$

$$\partial g_i / \partial ne_i = c_{ip} / (x_i + c_i + cap_i + ne_i)^2 \tag{7}$$

在历年的投入产出表中，服务业各行业的净流出值有很大差异，且有正值和负值，因此在判断时要考虑到这个影响因素。对于中间需求率大于 0.4 的行业，需要深入分析净流出 ne_i 的数据，若 $ne_i > 0$，说明服务量流出国外大于流入本国，那么该行业满足的生产者对象既包括三次产业，又包括政府、非政府部门和外国部门，那么就需要参照非居民消费率，从宽泛的意义上界定该行业是否为生产性服务业，是哪种类型的生产性服务业。

中间需求率与最终需求率之和等于 1，这意味着一个产业的产品要么作为中间产品而存在，要么作为最终产品而存在。某个产业部门的中间需求率越高，越表明该产业部门具备原料产业性质，也就更具备为生产者提供服务的特点。本书的初级判定是，如果中间需求率小于 0.4，那么该产业部门的性质是提供最终产品，则判定为非生产性服务业。对于中间需求率为 0.4~0.6 的混合服务业和高于 0.6（直接界定为生产性服务业）的分行业，从需求的角度切入，进行二次界定和三次界定，将其分成综合型、

内向型和外向型生产性服务业。因此,本书判定所选取的关键数据点为:中间需求率 h_i 为 0.4 和 0.6,非居民消费比率 g_i 为 0.6。具体判定方法见图 1-1。

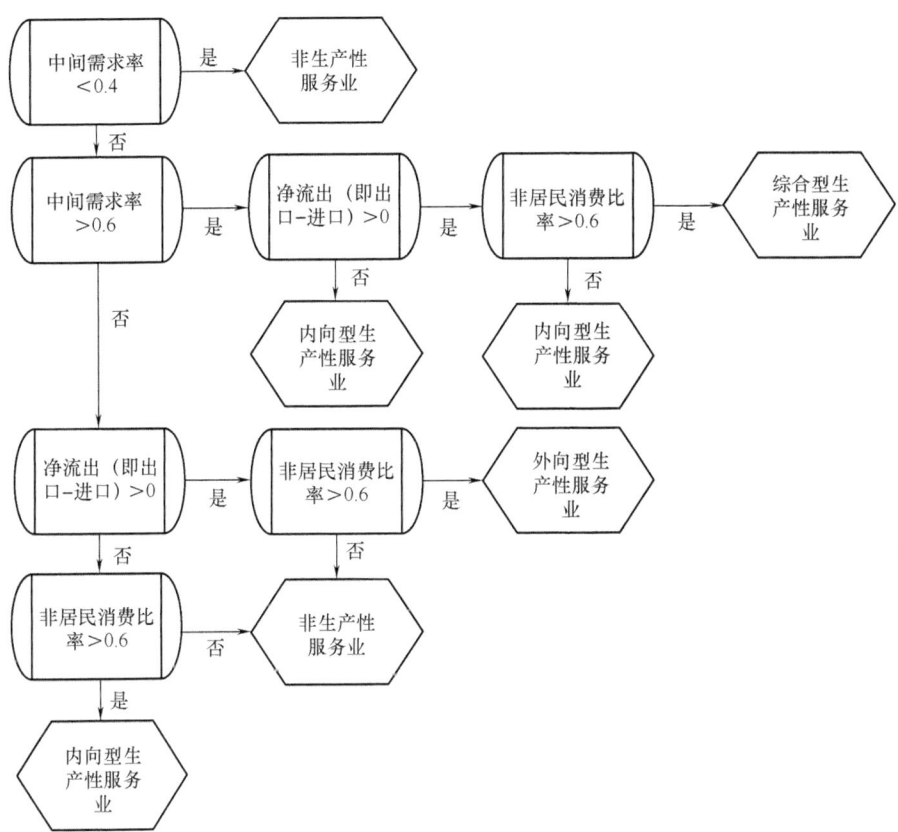

图 1-1 生产性服务业统计学分类流程图

资料来源:作者分析绘制。

一次界定:若 $h_i < 0.4$,则可直接确定为非生产性服务业。

二次界定:若 $h_i > 0.6$,则可直接确定为生产性服务业,之后参照 ne_i 和 g_i 数值对该生产性服务业进行类型的划分,如果 $ne_i > 0, g_i > 0.6$,说明该部门是内外兼顾即综合型生产性服务业;如果 $ne_i > 0, g_i < 0.6$,则该部门是内向型生产性服务业;如果 $ne_i < 0$,说明该部门是内向型生产性服务业。

三次界定:对于 $0.4 < h_i < 0.6$ 的混合服务业(同时具备消费性服务和生产性服务的特征),看 ne_i 的情况,如果 $ne_i > 0$,参照 g_i,如果 $g_i > 0.6$,说明该部门是外向型生产性服务业；如果 $ne_i > 0, g_i < 0.6$，则不是生产性服务业；如果 $ne_i < 0, g_i > 0.6$，说明该部门是内向型生产性服务业；如果 $ne_i < 0$，$g_i < 0.6$，本书直接将其界定为非生产性服务业。

使用"三次界定法"，参照中国服务业各行业中间需求率和非居民消费比率（GB/T 4754—2002）（表1-5），对中国的生产性服务业的统计学界定和分类判断过程如表1-6所示。

表1-5　中国服务业各行业中间需求率和非居民消费比率（GB/T 4754—2002）

服务业内部各分行业	代码	中间需求率	非居民消费比率
F 交通运输、仓储和邮政业			
铁路运输业	096	0.877 7	0.932 8
道路运输业	097	0.841 8	0.955 2
城市公共交通业	098	0.326 0	0.606 3
水上运输业	099	0.650 6	0.949 2
航空运输业	100	0.695 5	0.938 7
管道运输业	101	0.932 1	0.927 3
装卸搬运和其他运输服务业	102	0.906 5	0.948 8
仓储业	103	1.003 9	1.000 0
邮政业	104	0.884 2	0.918 4
G 信息传输、计算机服务和软件业			
电信和其他信息传输服务业	105	0.611 0	0.649 9
计算机服务业	106	0.680 9	0.765 8
软件业	107	0.099 3	0.961 0
H 批发和零售业			
批发零售业	108	0.510 3	0.731 3
I 住宿和餐饮业			
住宿业	109	0.925 1	0.967 2
餐饮业	110	0.491 7	0.528 7
J 金融业			
银行业、证券业和其他金融活动	111	0.772 6	0.821 4
保险业	112	0.649 7	0.656 5

续表

服务业内部各分行业	代码	中间需求率	非居民消费比率
K 房地产业			
房地产业	113	0.249 0	0.488 0
L 租赁和商务服务业			
租赁业	114	0.988 9	0.949 1
商务服务业	115	0.847 5	0.982 0
旅游业	116	0.323 6	0.364 6
M 科学研究、技术服务和地质勘查业			
研究与试验发展业	117	0.974 7	1.000 0
专业技术服务业	118	0.792 5	1.000 0
科技交流和推广服务业	119	0.742 4	1.000 0
地质勘查业	120	0.402 2	1.000 0
N 水利、环境和公共设施管理业			
水利管理业	121	0.538 7	1.000 0
环境管理业	122	0.614 4	0.898 7
公共设施管理业	123	0.040 7	0.785 1
O 居民服务和其他服务业			
居民服务业	124	0.148 5	0.205 8
其他服务业	125	0.863 2	0.899 3
P 教育			
教育	126	0.098 8	0.671 7
Q 卫生、社会保障和社会福利业			
卫生	127	0.092 5	0.565 6
社会保障业	128	0.320 2	1.000 0
社会福利业	129	0.000 0	0.897 8
R 文化、体育和娱乐业			
新闻出版业	130	0.555 1	0.549 5
广播、电视、电影和音像业	131	0.437 9	0.858 2
文化艺术业	132	0.265 3	0.817 6
体育	133	0.056 9	0.889 8

续表

服务业内部各分行业	代码	中间需求率	非居民消费比率
娱乐业	134	0.803 9	0.869 3
S 公共管理和社会组织			
公共管理和社会组织	135	0.008 6	1.000 0

资料来源：作者根据中国"2007年投入产出表"（最新可得）计算整理所得。

表1-6 对中国生产性服务业的统计学定义和分类（GB/T4754—2002）

服务业内部各分行业	中间需求率（h_i）			非居民消费比率（g_i）			综合二次和三次界定结果	生产性服务业的分类
	中间需求率 h_i	一次界定 $h_i < 0.4$	二次界定 $h_i > 0.6$	净流出=出口-进口 ne_i	非居民消费比率 g_i	三次界定 $g_i > 0.6$		
F 交通运输、仓储和邮政业								
铁路运输业	0.878		Y	1 330 127	0.933	Y	Y/Y	综合型
道路运输业	0.842		Y	2 749 365	0.955	Y	Y/Y	综合型
城市公共交通业	0.326	Y	—	—	—	—	—	非生产性服务业
水上运输业	0.651		Y	17 999 772	0.949	Y	Y/Y	综合型
航空运输业	0.696		Y	5 527 107	0.939	Y	Y/Y	综合型
管道运输业	0.932		Y	31 383	0.927	Y	Y/Y	综合型
装卸搬运和其他运输服务业	0.907		Y	1 286 846	0.949	Y	Y/Y	综合型
仓储业	1.004		Y	0	1.000	Y	Y/Y	内向型
邮政业	0.884		Y	78 577	0.918	Y	Y/Y	综合型
G 信息传输、计算机服务和软件业								
电信和其他信息传输服务业	0.6110		Y	159 536	0.650	Y	Y/Y	综合型
计算机服务业	0.681		Y	649 893	0.766	Y	Y/Y	综合型

续表

服务业内部各分行业	中间需求率 (h_i)			非居民消费比率 (g_i)			综合二次和三次界定结果	生产性服务业的分类
	中间需求率 h_i	一次界定 $h_i < 0.4$	二次界定 $h_i > 0.6$	净流出＝出口－进口 ne_i	非居民消费比率 g_i	三次界定 $g_i > 0.6$		
软件业	0.099	Y	—	—	—	—	—	非生产性服务业
H 批发和零售业								
批发零售业	0.510		Y	40 075 644	0.731	Y	Y/Y	综合型
I 住宿和餐饮业								
住宿业	0.925		Y	1 306 886	0.967	Y	Y/Y	综合型
餐饮业	0.492		N	824 892	0.529	N	N/N	非生产性服务业
J 金融业								
银行业、证券业和其他金融活动	0.773		Y	-248 217	—	—	Y/-	内向型
保险业	0.650		Y	-181 076	—	—	Y/-	内向型
K 房地产业								
房地产业	0.249	Y	—	—	—	—	—	非生产性服务业
L 租赁和商务服务业								
租赁业	0.989		Y	0	0.949	Y	Y/Y	内向型
商务服务业	0.848		Y	7 585 994	0.982	Y	Y/Y	综合型
旅游业	0.324	Y	—	—	—	—	—	非生产性服务业
M 科学研究、技术服务和地质勘查业								
研究与试验发展业	0.975		Y	-5 968 714	—	—	Y/-	内向型
专业技术服务业	0.793		Y	0	1.000	Y	Y/Y	内向型

续表

服务业内部各分行业	中间需求率 (h_i) 中间需求率	一次界定 $h_i < 0.4$	二次界定 $h_i > 0.6$	非居民消费比率 (g_i) 净流出=出口-进口 ne_i	非居民消费比率 g_i	三次界定 $g_i > 0.6$	综合二次和三次界定结果	生产性服务业的分类
科技交流和推广服务业	0.742		Y	0	1.000	Y	Y/Y	内向型
地质勘查业	0.402		N	0	1.000	Y	N/Y	内向型
N 水利、环境和公共设施管理业								
水利管理业	0.539		Y	0	1.000	—	Y/—	内向型
环境管理业	0.614		Y	0	0.899	Y	Y/Y	内向型
公共设施管理业	0.041	Y		—	—	—	—	非生产性服务业
O 居民服务和其他服务业								
居民服务业	0.149	Y		—	—	—	—	非生产性服务业
其他服务业	0.863		Y	206 135	0.899	Y	Y/Y	综合型
P 教育								
教育	0.099	Y		—	—	—	—	非生产性服务业
Q 卫生、社会保障和社会福利业								
卫生	0.093	Y		—	—	—	—	非生产性服务业
社会保障业	0.320	Y		—	—	—	—	非生产性服务业

续表

服务业内部各分行业	中间需求率(h_i)			非居民消费比率(g_i)			综合二次和三次界定结果	生产性服务业的分类
	中间需求率 h_i	一次界定 $h_i<0.4$	二次界定 $h_i>0.6$	净流出=出口-进口 ne_i	非居民消费比率 g_i	三次界定 $g_i>0.6$		
社会福利业	0.000	Y	—	—	—	—	—	非生产性服务业
R 文化、体育和娱乐业								
新闻出版业	0.555		Y	-495 925	0.550	N	Y/N	非生产性服务业
广播、电视、电影和音像业	0.438		N	123 618	0.858	Y	N/Y	外向型（非生产性服务业）
文化艺术业	0.265	Y	—	—	—	—	—	非生产性服务业
体育	0.057	Y	—	—	—	—	—	非生产性服务业
娱乐业	0.804		Y	464 387	0.869	Y	Y/Y	综合型
S 公共管理和社会组织								
公共管理和社会组织	0.009	Y	—	—	—	—	—	非生产性服务业

数据来源：作者根据中国"2007年投入产出表"分析整理所得。

1.3.3.2 "三次界定法"统计分类结果

经过第一次界定，F 类的城市公共交通运输业、G 类软件业、K 类房地产业、L类旅游业、N类公共设施管理业、O类居民服务业、P类教育、Q类卫生、社会保障和社会福利业、R类文化艺术业和体育、S类公共管理和社会组织被判定为非生产性服务业；二次和三次界定将生产性服务业进行进一步定义和细分，结果如表1-7所示。

表1-7 生产性服务业"三次界定法"统计分类结果

分类	小类别	行业类型*
综合型生产性服务业	铁路运输业、道路运输业、水上运输业、航空运输业、管道运输业、装卸搬运和其他运输服务业、邮政业、电信和其他信息传输服务业、计算机服务业、批发零售业、住宿业、商务服务业、其他服务业、娱乐业	F 交通运输仓储和邮政业 G 信息传输、计算机服务和软件业 H 批发零售业
内向型生产性服务业	仓储业、银行业、证券业和其他金融活动、保险业、租赁业、研究与试验发展业、专业技术服务业、科技交流和推广服务业、地质勘查业、水利管理业、环境管理业	J 金融业 L 租赁和商务服务业 M 科学研究、技术服务和地质勘查业 N 水利、环境和公共设施管理业
外向型生产性服务业**	广播、电视、电影和音像业	

注：* 根据 GB/T 4754—2002《国民经济行业分类》中对照的生产性服务业行业。

** 外向型生产性服务业在国内还不是生产性服务业，本书研究的生产性服务业为综合型和内向型生产性服务业。

1.3.3.3 理论界定与统计学界定相结合确定本书研究的生产性服务业范畴

在充分考虑生产性服务业中间投入性和中间连接性的重要特征的基础上，结合中国政府在《国民经济和社会发展第十一个五年规划纲要》和《国务院关于加快发展服务业的若干意见》（国发〔2007〕）中对生产性服务业的理论界定，包括现代物流、信息服务、商贸流通、金融服务、商务服务和科技服务六个方面，将"三次界定法"的界定结果与以上六个方面相对应，同时增加了具备很强的中间投入性和中间连接性的水利、环境和公共设施管理业，进而更加科学地确定了本书研究的生产性服务业各分行业（见表1-8）。

表1-8　理论与统计学界定结果相结合确定本书研究的生产性服务业

重要特征	中国理论界定	统计学界定—三次界定法	本书研究的生产性服务业
①中间投入性：作为生产商品或提供其他服务的生产过程投入 ②中间连接性：在产品生产过程中充当中间连接的重要角色	现代物流	F 交通运输仓储和邮政业	F 交通运输仓储和邮政业
	信息服务	G 信息传输、计算机服务和软件业	G 信息传输、计算机服务和软件业
	商贸流通	H 批发零售业	H 批发零售业
	金融服务	J 金融业	J 金融业
	商务服务	L 租赁和商务服务业	L 租赁和商务服务业
	科技服务	M 科学研究、技术服务和地质勘查业	M 科学研究、技术服务和地质勘查业
		N 水利、环境和公共设施管理业	N 水利、环境和公共设施管理业

1.4　结构安排及技术路线

本书由八章组成。

第一章，导论。系统介绍了论文的选题背景、研究的理论和现实意义、研究方法、研究范畴、研究前沿及创新点，指出了现有研究存在的不足之处，描述了整体研究计划并绘制了全文的技术路径图。本章创新性地采用了统计学的"三次界定法"对中国生产性服务业进行定义和分类；运用文献研究法，明确了研究中国生产性服务业就业的深远意义，并据此提出本研究的理论意义与现实意义。

第二章，生产性服务业与就业关系的研究综述。通过文献研究和内容分析，分别从生产性服务业与就业关系的理论和实证两个方面对国内外学者的研究文献进行梳理和归纳，在指出以往研究不足的基础上明确本书的研究方向。

第三章，中国生产性服务业的发展与就业增长的现状。本章整体介绍了中国生产性服务业的特点及其发展现状，对中国生产性服务业的就业现状展开分析，对生产性服务业带动第三产业就业增长和生产性服务业内部各分行业的就业情况进行了横向与纵向相结合的探讨。采用的研究方法为文献阅读、对比研究和内容分析。

第四章，生产性服务业影响就业的作用机理。本章分别从相关经济理论和作用机理的角度探讨生产性服务业发展与就业增长的关系。首先通过文献调查梳理了生产性服务业发展与就业增长的相关理论，在此基础上运用内容分析法探讨了生产性服务业与其他产业，主要是制造业的互动融合式发展，最后从作用机理的角度归纳总结出生产性服务业影响就业增长的机制。

第五章，中国生产性服务业对就业的影响效应测定。本章测度了中国生产性服务业的就业效应，首先，通过使用投入产出法构建的就业贡献模型测度生产性服务业的直接就业贡献、间接就业贡献和综合就业贡献并展开分析；其次，通过双对数线性模型计算就业弹性，进而测定直接就业效应；再次，使用投入产出分析法计算产出乘数、间接就业系数和间接就业比重，进而测定间接就业效应；最后，通过成本利税率和结构偏离度两个指标对生产性服务业的就业潜力进行测定和分析，同时对生产性服务业对就业的影响效应展开综合性的分析与探讨。本章大量采用了投入产出分析方法和对比分析法。

第六章，生产性服务业就业增长影响因素的理论分析。在前文生产性服务业就业效应测定的基础上，从理论的角度分析影响生产性服务业就业的诸多因素的作用。本章从需求和供给的角度展开探讨。

第七章，生产性服务业就业增长影响因素的实证分析。前一章从需求和供给的理论层面系统分析了影响中国生产性服务业就业增长的因素，然而，这些因素是否真有显著的影响，需要进行实证检验和分析。本章构建了实证研究的计量模型，对影响因素进行了实证检验。

第八章，在前文分析的基础上，得出结论并提出政策建议。

本书各章的关系和逻辑联系的技术路线见图1-2。

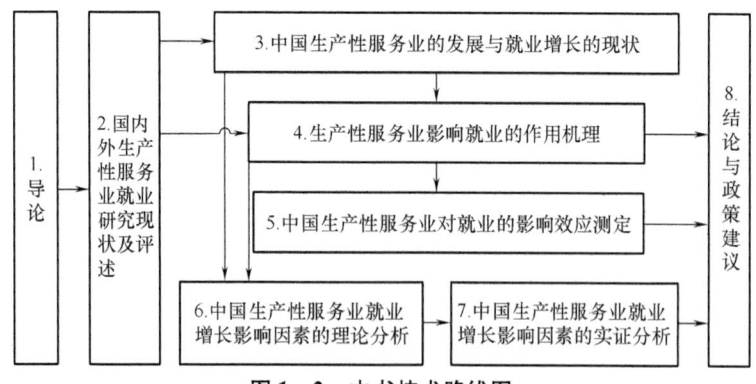

图1-2 本书技术路线图

1.5 研究前沿及创新点

本书的研究前沿及创新点有5个。

（1）生产性服务业就业的研究是崭新的课题。目前，国内对生产性服务业的界定、生产性服务业在制造业发展和经济发展中的作用、生产性服务业对就业的影响、影响生产性服务业就业增长的因素等仍处于探索阶段，理论研究和实证分析还比较薄弱，有效的结论和深入的研究并不多见。

（2）学术上的创新。本书构建了系统研究生产性服务业就业的理论框架，在这个框架中深入探讨了生产性服务业对就业影响的作用机理，通过多种实证方法测定了生产性服务业的就业效应，从需求和供给两大视角分析了影响生产性服务业就业增长的因素，并以此为基础创新性地构建了生产性服务业就业增长影响因素的概念模型。该模型一方面为深入展开对生产性服务业就业影响因素研究和实证检验提供了依据；另一方面，为生产性服务业就业的相关理论研究提供了样本积累和基本素材。

（3）对生产性服务业进行重新界定和分类。通过大量的文献研究和内容分析，综合考虑到数据可得性和结果的精确性问题，本书在古德曼和斯特德曼和"二级判断法"的基础上，创新性使用了统计学的"三次界定法"，对生产性服务业进行重新界定分类，使得划分的结果更加与时俱进，符合中国经济发展的实际情况。

（4）大量采用严谨的投入产出法开展实证研究。中国的投入产出调查较为系统地提供了关于各行业的投入产出表，反映了一定历史时期各个行业部门的相互关系，具有很强的准确性。本书在实证研究部分使用了该方法，如运用投入产出就业贡献度的测算模型，从生产性服务业付给劳动者的报酬研究生产性服务业整体及其内部分行业对劳动的消耗，以及对社会就业的贡献水平。再如，在测定生产性服务业的间接就业效应时，主要运用投入产出分析方法，计算了生产性服务业及其内部分行业的总产出乘数、劳动力投入系数、就业效应系数（综合就业系数）等指标达成预定分析目标。

（5）通过多个指标综合地对生产性服务业的就业效应进行计量分析。以往的研究在测定就业效应时多采用单一指标进行计量和分析，如计算就业弹性和结构偏离度指标。本书采用多指标对中国生产性服务业对就业的影响效应进行全面的测定和分析，具体包括：通过就业贡献度测定生产性服务业对社会就业的贡献水平，通过就业弹性测定直接就业效应；通过总产出乘数、劳动力投入系数和综合就业系数，计算间接就业系数和间接就业比重测定间接就业效应；通过成本利税率、结构偏离度分析、结构偏离度与国际标准模式对比，测定生产性服务业的就业潜力。

1.6 本研究的不足之处

生产性服务业就业是一个很有价值的研究项目，伴随着研究的不断深入，发现其中存在不少问题值得展开深入探讨。同时，由于有些数据无法取得，有些数据无法拆分，也成为本书研究存在的不足。

（1）本书将生产性服务业满足中间需求的特有属性，与中国政府对生产性服务业的理论界定和统计学的"三次界定法"相结合，确定了本书研究的生产性服务业的范畴，行业分类具体包括：交通运输仓储和邮政业（应剔除城市公共交通业），信息传输、计算机服务和软件业（应剔除软件业），批发零售业，金融业，租赁和商务服务业（应剔除旅游业），科学研究、技术服务和地质勘查业，水利、环境和公共设施管理业（应剔除公共设施管理业）。但是受统计口径和数据可得性问题的影响，本书未将以上提及的4个小类别数据从生产性服务业的行业就业数据中剔除，而使用包含4个小类别的行业就业数据展开分析，是研究的不足之处。

（2）中国的《国民经济行业分类》国家标准首次发布于1984年，1994年进行了第一次修订，2002年和2011年分别进行了第二次和第三次修订。鉴于分类标准的阶段性变化，以及部分数据拆分难以实现，本书没有动态性地对比分析1978—2011年生产性服务业就业的阶段性变化趋势。

（3）本书没有对未来的生产性服务业就业进行预测，今后将继续就此问题展开进一步探讨。

2 国内外生产性服务业就业研究现状及评述

2.1 国外研究现状及评述

2.1.1 国外研究现状

2.1.1.1 劳动力向服务业转移的理论发展

(1) 技术进步带来产业结构和就业结构升级。各产业中要素禀赋使用结构的变化是产业结构产生变动的实质，而要素禀赋使用结构的变化究其源头则是技术进步所导致的，基于此原因，近年来国外学者多从"技术进步对就业的影响"的视角展开探讨，并得出"社会对劳动力的需求将不断技能化"的结论[1]。卡茨（Katz）等发现，随着技术进步，社会趋于对低技能劳动力的需求减少，对高技能劳动力的需求增加，使得低技能劳动力就业难度加大，最终就业率大幅下降[2]。莫滕森（Mortensen）等研究发现，技术进步能够对就业结构产生重要影响，但影响的程度受到诸如各国经济社会制度、生产力发展水平、社会因素等方面的制约[3]。技术进步对就业的影响可谓"破坏"和"创造"的同步进行，一方面技术进步破坏并剔除了一些原有的旧的工作岗位，另一方面又创造并提供了新的就业岗位和就业机会。"创造性破坏"理论指出，技术进步会对就业产生破坏，这种以直接破坏为主的技术进步会造成社会上大量技术性失业人员的出现[4]；与此形成对比，"就业补偿"理论认为，技术进步的直接效应是对就业进行直接破坏，但同时又存在间接补偿，即通过多种途径间接促进就业增长，

---

[1] Machin S, Reenen J V. Technology and Changes in Skill Structure: Evidence from Seven OECD Countries [J]. Journal of Economics, 1998, 113 (4): 1215 – 1244.

[2] Katz L F, Murphy K M. Changes in Relative Wages 1963 – 1987: Supply and Demand Factors [J]. Journal of Economics, 1992, 107 (1): 35 – 78.

[3] Mortensen D T, Pissarides C A. Unemployment Responses to "Skilled – Biased" Technology Shocks: The Role of Labor Market Policy [J]. The Economic Journal, 1999, 109 (4): 242 – 265.

[4] Fabien Postel – Vinay. The Dynamics of Technological Unemployment [J]. International Economic Review, 2002 (43): 737 – 760.

形成的最终结果是在总体上促进了就业水平的提升①②。马尔科（Marco）和佩蒂（Peti）深入系统地对技术进步引发的就业补偿机制进行研究，提出多种就业补偿机制，如新产品、新机器和新投资补偿机制，价格下降和工资下降补偿机制等③④。按照技术进步的类型，可将就业补偿机制分为"可以通过技术进步实现的补偿机制"和"与技术进步无关的补偿机制"两大类⑤。

（2）产业结构升级使劳动力向服务业转移。"配第—克拉克定理"研究了产业结构演进与劳动力转移的关系，提出了产业结构高度化引致就业结构高度化的基本规律。这一理论指出，随着产业结构的不断演进，劳动力按照从第一产业到第二产业，再到第三产业的顺序依次发生转移⑥。劳动力的就业结构呈现出按照梯度逐步"升高"的态势，被称为劳动力就业结构的高度化⑦。基于配第—克拉克的研究成果，美国经济学家西蒙·库兹涅茨对各产业部门产值变化与劳动力变化的特征和趋势展开分析，发现就业结构与产值结构的变动存在不同步和不一致，具体表现为一定时期尤其是在工业化初期，相对于产业结构的变动，就业结构的变动存在滞后性，但长期看二者的变动存在一致性，并且第三产业有着十分显著的就业效应⑧。

钱纳里（H. B. Chenery）等人通过分析发达国家和发展中国家的发展趋势，对西蒙的上述观点展开了进一步论证。他们发现，发达国家在实现工业化过程中，随着农业和工业产值份额的此消彼长，劳动力在农业和工业部门也出现了此消彼长的转移趋势，并且两种转移基本上保持一致。与此形成对比的是，发展中国家就业结构转换通常滞后于产值结构的转换，

---

① Clas Eriksson. Is There a Trade - off between Employment and Growth [J]. Oxford Economic Paper, 1997 (49): 77 - 88.

② Bharat Trehan. Productivity Shocks and the Unemployment Rate [J]. Economic Review, 2003 (45): 13 - 27.

③ Marco Vivarelli. The Economics of Technology and Employment: Theory and Empirical Evidence [J]. The Economic Journal Vol. 107, No. 440 (Jan. 1997): 239 - 241.

④ Petit P. Employment and technical change. In: Stoneman P (ed.) The Economics of Innovation and Technical Change [M], Oxford: Basil Blackwell, 1995.

⑤ Ebersberger B, Pyka A. Innovation and Sectoral Employment: A Trade - Off between Compensation Mechanisms [J]. Discussion Paper, 2000, 16 (4): 635 - 665.

⑥ 张圣兵. 全球化进程中的就业变迁 [M]. 北京：中国财政经济出版社，2002.

⑦ 张抗私. 就业问题：理论与实际研究 [M]. 北京：社会科学文献出版社，2007.

⑧ 西蒙·库兹涅茨. 各国的经济增长 [M]. 北京：商务印书馆，1985.

生产要素（要素资源）大规模地由初级产品的生产部门先转移至制造部门，再转移至服务部门是产业结构变动的一个重要特征①。

美国经济学家刘易斯研究发现，发展中国家的就业具有其特殊性，主要原因是发展中国家所特有的典型的二元经济结构的经济特征，现代的工业部门与传统的农业部门同时存在的经济发展结构②。认识到这一典型特征，刘易斯将城市化与工业化进程结合起来，分别研究了发展中国家在工业化进程中劳动力从农业转向工业，从农村转向城市的特征。

受刘易斯研究成果的启发，美国经济学家费景汉（C. H. Fei）和拉尼斯（Q. Rains）于20世纪60年代初在刘易斯研究的基础上构建了费—拉模型③。他们研究分析了就业结构转换实现的条件和转换阶段，提出了在经济结构转换过程中要平衡发展工业和农业两部门。他们的研究表明，具有资本短缺和劳动力丰裕特征的发展中国家，为实现更多劳动力就业的目标，劳动密集型和资本节约型的技术应成为选择的重点。

美国经济学家托达罗（M. Todaro）研究了如何加速劳动力从农业部门向工业部门的转移，对人口流动和城市失业并存的问题进行了深入的分析。他强调解决城市失业问题的重点是发展农村经济和缩小城乡间实际收入差距④。他的研究成果体现在1969年和1970年发表的《欠发达国家的劳动力迁移模式和城市失业问题》和《人口流动、失业和发展：两部门分析》中。

2.1.1.2 生产性服务业与就业的关系研究

从发达国家自第二次世界大战后历史性的统计资料看，其服务业的规模是逐渐扩张的，细观服务业内部发现，政府公共服务业的比重持续下降，消费性服务业的相对规模较为稳定、基本不变，比例增长最为显著的是为生产者提供服务的生产性服务业，如金融业、交通运输、科学研究和

---

① Chenery H B, Elkington H, Sims C. A Uniform Analysis of Development Pattern [C]. Harvard University Center for International Affairs – Economic Development Report. Cambridge Mass, 1970: 1 – 35; Syrquin M, Chenery H B. Three Decades of Industrialization [J]. The World Bank Review, 1989 (3): 152 – 153; 钱纳里, 塞尔奎因. 发展的型式: 1950 – 1970 [M]. 北京: 经济科学出版社, 1988.

② Lewis W A. Economic Development with Unlimited Supplies of Labor [J]. Manchester School, 1954, 22 (2): 139 – 191.

③ Fei C H, Rains G. A Theory of Economic Development [J]. American Economic Review, 1961, 51 (4): 533 – 558.

④ Todaro Michael. A Model of Labor Migration and Urban Unemployment in Less Developed Countries [J]. American Economic Review, 1969 (59): 138 – 148.

信息服务业等①。随着时间的推移，学者越发认识到按照配第—克拉克模型对三次产业的划分而研究服务业整体，或分别研究全部细分行业已经远达不到深入揭示某些规律的目的了②。由此，学界以中间需求和最终需求为标准，对服务业内部进行了划分，将服务业细分为满足中间需求的生产性服务业和满足最终需求的消费性服务业两个亚产业。有资料显示，生产性服务业已经成为西方发达国家就业增长的主渠道。

(1) 生产性服务业（整体及其分行业）的就业比重研究。莎普夫（Scharpf）对生产性服务业和制造业的就业分工展开分析，发现制造业与生产性服务业的就业分工不同是专业化程度的不同所造成的。研究中，他首先将服务业细分为生产性服务业和消费性服务业，测算了二者的就业比重，发现大多数发达国家消费性服务业的就业比重差异明显，但生产性服务业的就业比重却非常接近，他认为，这是由于所有发达国家进行国际性交易的商品所使用的劳动力投入几乎是相似的，所以导致需求量大致相同③。张欣（Chang）等认为，城市化通过服务业部门（主要是生产性服务业部门）的扩张创造了大量的就业机会，生产性服务业较制造业具有更高的就业拉动作用④。卡斯特里斯（Castells）研究了生产性服务业内部的细分行业，在对信息处理与货物处理活动进一步区分的基础上，构建了生产性服务业内部分行业就业类型指标组（表2-1）。通过分析，他发现德国和意大利在服务运输型就业比率方面高于其他就业类型，而美国、英国、加拿大和法国趋向于信息处理型经济，信息处理型就业比率较高。

表2-1 卡斯特里斯生产性服务业内部分行业就业类型指标组

就业类型	生产性服务业内部细分行业
服务运输型就业	批发、零售贸易
货物生产型就业	采掘业、建筑业、制造业
信息处理型就业	通信、金融、保险、房地产等

---

① 赫伯特 C 格鲁伯, 迈克尔 A 沃克. 服务业的增长: 原因与影响 [M]. 上海: 上海三联书店, 1993: 220.

② Linda Juleff. The Structure of Advanced Producer Service Employment in Great Britain, 1971 - 1989 [R]. Social science working paper, 1993.

③ Scharpf W. Structures of Post - industrial Society or Does Mass Unemployment Disappear in the Service and Information Economy7, Praeger Publishers [Z]. New York, 1990: 17 - 36.

④ Chang G H, Brada J C. The Paradox of China's Growing Under - urbanization [J]. Social Science Electronic Publishing, 2006, 30 (1): 24 - 40.

续表

就业类型	生产性服务业内部细分行业
货物处理型就业	采掘业、建筑业、制造业与批发、零售贸易

资料来源：Castelles M. The Rise of the Network Society [J]. Economy Society & Culture, 1996, 38 (4): 389 – 414.

（2）对生产性服务业就业增长的相关探讨。国外学者主要从生产性服务业对服务业就业增长的贡献，其自身的就业增长速度、就业增长率，以及生产性服务业就业增长对经济的影响三方面，研究生产性服务业与就业的关系。埃尔夫林（Elfring）按照辛格尔曼（Singleman）的方法对服务业进行分类并展开分析，发现服务业就业增长受到抑制是由生产率、中间需求转变和最终需求转变造成的。具体研究结果为：40% ~ 60% 源于生产率增长的缺乏；20% ~ 30% 源于最终需求的转变（消费性服务）；10% ~ 40% 源于中间需求的转变（生产性服务）[1]。该数据也同时表明了生产性服务业对服务业就业增长的贡献水平。

生产性服务业已被证明是第二次世界大战以后发达国家就业增长最为迅速的部门，它创造就业的能力也是最强的。格鲁伯（Grubel）等研究发现，1947—1984年加拿大及部分经济合作与发展组织国家的生产性服务业是服务业中最大的组成部分，同时也是增长速度最快的部分，并且发现服务业在经济合作与发展组织国家拉动经济和就业增长方面的贡献超过了70%[2]。丹尼尔斯（Daniels）的研究发现，生产性服务业的就业增长在服务业中是最快的，但与格鲁伯的研究结果不同的是，他发现在大部分经济体系中生产性服务业并不是服务部门中最大的部分[3]。

在就业增长率方面，琳达·朱莉芙（Linda Juleff）研究发现，英国在1971—1989年，期末与期初的就业人数相比，农业减少了40%，制造业减少了35%，而服务业增长了30%，其中服务业内部的生产性服务业增长了

---

[1] Elfring, Tom. New Evidence on the Expansion of Service Employment in Advanced Economies [J]. Review of Income & Wealth, 1989, 35 (4): 409 – 440.

[2] 赫伯特 C 格鲁伯，迈克尔 A 沃克. 服务业的增长：原因与影响 [M]. 上海：上海三联书店，1993：35 – 38.

[3] Daniels, Peter W. Producer Services Research in the United Kingdom [J]. Professional Geographer, 2005, 47 (1): 82 – 87.

75.9%①。格拉斯梅尔（Glasmeier）等对美国生产性服务业的研究表明，在1969—1976年，美国生产性服务业就业增长非常迅速，对生产性服务业就业增长率的比较表明，非大都市的就业增长率高于大都市。詹姆斯·哈林顿（James W. Harrington）做了生产性服务业的典型案例分析，研究了美国华盛顿特区，发现1951—1996年生产性服务业的就业增长趋势非常显著②。拜尔斯（Beyers）对比分析了美国与加拿大的就业增长数据，发现美国在1975—1995年共计增加了5 000万个就业机会，就业增长率50%，就业增长速度高达101%，超过平均水平的2倍多；加拿大在1977—1996年就业岗位增加了370万个，就业增长率为37%，就业增长速度高达138%，几乎达到平均水平的4倍。在新增就业中的占比情况，生产性服务业的就业分别占美国新增就业的25%，占加拿大新增就业的33%。生产性服务业已经成为美国、加拿大吸纳就业能力最强的部门，且带动就业增长主要靠生产性服务业公司数量的增加，而不是依赖企业现有规模的扩大③。

生产性服务业就业增长能够大力促进地区经济发展。夏兰·德里弗（Ciaran Driver）等系统分析了英国服务业中各类职业就业的波动对国民生产总值的影响，发现生产性服务业的就业波动对国民生产总值产生的影响非常显著，而公共服务业就业的波动对国民生产总值并不存在任何周期性的影响。哈林顿（Harrington）指出，生产性服务业在地区就业比重上的持续上升引发对其的关注，他发现生产性服务业的就业属于人力资本型就业，生产性服务业就业能够促进地区经济产生根本性的变化，其中最明显的是通过影响工资收入影响地区经济发展，具有高附加值的生产性服务业无论是在大城市、小城市，还是偏远地区都能很快在当地收入中造成重大影响④。

（3）对生产性服务业就业增长原因的探讨。经济增长与就业增长有很强的联动效应。第二次世界大战以后，专业化分工进一步深化、细化，技术更新周期缩短，由此一方面引发了交易成本扩张，另一方面导致知识性

---

① Juleff D L. The Structure of Advanced Producer Service Employment In Great Britain, 1971—1989 [J]. Social Science Working Paper, 1993 (4).

② Harrington J W, Campbell H S. The Suburbanization of Producer Service Employment [J]. Growth and Change, 1997, 28 (3): 335 – 359.

③ Beyers W B. There's Gold in Them There Producer Services [J], Policy Options, 1999 (11): 36 – 39.

④ Harrington J W. Producer Services Study in a Revitalized Regional Science [R]. North American meetings of the Regional Science Association International, 1997 (11): 1 – 13.

生产部门的进一步扩大，开展生产活动的部门对于各种为生产者提供的中间投入服务的需求迅速增长。生产性服务业以知识和人力资本作为主要投入，一方面可以降低交易成本，另一方面便捷了专业化知识的传播和技术的广泛传递，提高了服务效率，因而生产性服务业迅速发展，对就业的拉动作用也远超其他部门。

约翰（John）通过实证方法分析了"导致生产性服务业产出增长与就业增长的主要原因是制造业的松绑（unbundling）"，得出了相反的结论[1]；拜尔斯（Beyers）分析了加拿大的情况，得出了与约翰一致的结论，即生产性服务业就业的快速增长并不是制造业规模缩减和外包的附带结果[2]。

（4）生产性服务业的地域性就业集聚研究。对生产性服务业就业的地理集聚的研究主要包括两方面的结论：一是生产性服务业就业存在着集聚效应；二是生产性服务业就业不仅局限于核心区域，还存在着郊区化进程。一项对加拿大落后地区生产性服务业就业结构的研究表明，落后地区的生产性服务业并没有失去相对劳动密集度，但是与大型中心城市对比，落后地区的就业密集度较低[3]。另一项对美国肯塔基州生产性服务业就业的研究得出的分析结论为：生产性服务业主要是集中在城市，并且是大中型城市。研究发现，肯塔基州的生产性服务业占社会总就业比重明显低于全国的平均水平，对这一问题产生原因的探讨表明肯塔基州的非城市化人口水平比全国的平均水平要高，同时相比之下城市相对较小[4]。哈林顿（Harrington）等研究了华盛顿特区1982—1997年的生产性服务业就业数据后发现，首先，生产性服务业就业呈现出增长的态势，导致全国劳动签约增多，并且增强了其在全国的就业独立性；其次，生产性服务业就业的区域管辖权限扩大了，不再仅限于核心区域；再次，以上趋势对生产性服务业和整个城市的就业产生影响，促进了生产性服务业就业的郊区化进程[5]。

---

[1] John Tschetter. Producer Services Industries: Why are They Growing So Rapidly? [J]. Monthly Labor Review, 1987（12）: 31 – 39.

[2] Beyers W B. There's Gold in Them There Producer Services [J], Policy Options, 1999（11）: 36 – 39.

[3] Roland Beshiri. Employment Structure in Rural and Small Town Canada: an Overview [Z], Rural and Small Town Canada Analysis Bulletin, 2001, 2（6）: 1 – 15.

[4] Thompson E C. Producer services [R]. Kentucky Annual Economic Report, 2004: 1 – 56.

[5] Harrington J W, Campbell H S. The Suburbanization of Producer Service Employment [J]. Growth and Change, 1997, 28（3）: 335 – 359.

2.1.2 国外研究评述

促进生产性服务业就业，加大其就业比重是就业结构高度化的表现，上文理论综述中的配第—克拉克定理、库兹涅茨法则、钱纳里国际标准结构所阐述的关于一国产业结构和就业结构演变的一般规律，为中国产业结构向高度化调整和就业结构向高度化演变提供了理论依据。体现在他们的理论当中有一个共性，就是就业结构的变化始终会与产业结构的调整保持着高度的相关性，这意味着在中国要实现就业结构的高度化，同时要重视实现产业结构的高度化，这为我们研究就业结构（实现就业结构高度化，促进具有高附加值、处于价值链高端的生产性服务业就业）与产业结构（大力发展第三产业及其内部具有高产出效能的生产性服务业）的协调发展做出了很好的理论铺垫。另外，钱纳里所提出的关于产业结构的转换会优先于就业结构转换的观点，对研究发展中国家就业结构转换与升级意义重大。中国是一个人口众多的发展中大国，目前仍存在着城乡二元经济结构，农村有着大量的急需转移的剩余劳动力。刘易斯等的理论研究成果对中国促进农村剩余劳动力的转移，实现产业结构升级与就业结构高度化的协调发展方面极具参考价值。

国外学者对生产性服务业的研究主要基于如下几个角度：第一是从生产性服务业与制造业互动机制的角度展开分析，第二是生产性服务业自身特征和产值增长研究，第三是生产性服务业发展对经济增长的贡献研究，第四是生产性服务业发展的区位问题研究。

国外学者对生产性服务业就业的研究，主要是从生产性服务业自身的就业增长速度、增长率、增长原因、就业比重、生产性服务业的地域性就业集聚、生产性服务业就业增长对经济增长的贡献和与其他产业关联并带动综合就业增长等方面展开分析。

综合看，国外学界对生产性服务业的自身发展、产业互动发展和与生产性服务业就业相关领域的研究起步较早，研究较为系统，内容和角度较为全面，为我们开展该领域研究提供了很好的参考和借鉴。经验研究表明，生产性服务业目前已成为西方发达国家就业增长的主渠道，就业效应显著、就业潜力巨大。然而，在西方发达国家强大的生产性服务业就业效应背后，到底哪些因素促进就业增长，哪些因素起到了阻碍作用，与此相关的研究较为有限，本书将试图在此方面展开深入探讨，以弥补该领域研究存在的不足。

2.2 国内研究现状及评述

2.2.1 国内研究现状

在西方学界相关产业理论和就业理论研究基础上，中国的学者采用各种研究方法，结合中国实际，从不同角度，对生产性服务业就业问题展开探讨。

2.2.1.1 分析方法和工具

（1）定性分析。任旺兵等系统研究了中国服务业的行业发展特征，发现在中国现代生产性服务业比传统服务业的增长速度更快，效率更高，但传统服务业是中国吸纳劳动力就业的主体[①]。余东华等从价值链的视角解释了近年来出现的"民工荒与大学生就业难"并存的现象，提出了解决这一悖论的有效途径是一方面要加快发展生产性服务业，同时要积极促进制造业的转型升级，要以生产性服务业发展和制造业转型升级的"双轮并行"来优化中国的就业市场结构[②]。姜鹏从生产性服务业发展影响就业水平的作用机理出发，以大庆市为研究对象，定性探讨了发展生产性服务业提升城市就业水平的路径选择。结论表明加速生产性服务业健康发展对大庆市实现经济更快更好发展和维持就业稳定意义重大，发展生产性服务业促进就业的路径选择主要包括独立发展、发展外包、要素支撑和政策助推[③]。

（2）就业弹性。国内诸多学者在研究生产性服务业的就业拉动作用时，主要采用了就业弹性指标分析。在一项生产性服务业对武汉城市经济发展的影响研究中，胡艳利用就业弹性和非线性模型的测定与分析，发现生产性服务业的就业弹性值比服务业的就业弹性值要高，表明服务业内部的非生产性服务业的就业弹性相对较低，生产性服务业在拉动就业问题上起着重要作用[④]。樊淑红综合性地采用就业弹性、投入产出的分析方法，

---

① 任旺兵，李冠霖. 中国第三产业就业增长难度加大——从中国第三产业结构偏离度的演变轨迹及国际比较看中国第三产业的就业增长［J］. 财贸经济，2003（6）：5-7.

② 余东华，范思远. 生产性服务业发展、制造业升级与就业结构优化——"民工荒与大学生就业难"的解释与出路［J］. 财经科学，2011（2）：61-68.

③ 姜鹏. 基于生产性服务业视角提升就业水平的机理及路径选择——以大庆为例［J］. 对外经贸，2012（6）：127-132.

④ 胡艳，生产性服务业对武汉城市经济发展的影响分析［D］. 武汉：华中农业大学硕士学位论文，2009.

以及非线性回归模型实证检验了新疆生产性服务业的直接就业吸纳能力，研究结果表明，生产性服务业对新疆2005—2008年就业增长做出了很大贡献，优先发展生产性服务业是解决并增加就业的重要途径。新疆在制定发展战略的过程中，强调了要加强金融服务业等生产性服务业对经济发展和就业增长的促进作用，要加强城乡和农村金融机构的建设，对金融业、通信业等具有较大的就业吸纳空间，但垄断程度较高的行业，应该采取有效措施减少行业垄断、放松市场准入标准，以扩大这些行业的就业吸纳能力[①]。其他学者也得出了相同的结论。

在一项对上海市生产性服务业就业吸纳能力的研究中，孔令锋运用了就业弹性和投入产出的方法展开分析，发现生产性服务业的就业贡献非常显著，然而，生产性服务业内部各细分行业的就业贡献差异性非常明显。大力发展生产性服务业应成为解决上海市就业问题的有效策略，而实施差异化的就业激励政策则有助于其就业吸纳能力的进一步提高[②]。阮婷婷等利用AR（P）模型对生产性服务业各行业的就业人数与实际产值进行回归分析，得出生产性服务业整体及内部各行业的就业弹性，提出要解决好中国的就业问题，应当从政府引导、企业分离、人才引进三方面促进生产性服务业的发展[③]。

（3）结构偏离度和成本费用利税率。刘辉煌等采用结构偏离度和成本费用利税率两个指标，系统研究了中国生产性服务业的就业增长空间。分析结果表明：中国服务业从1995—2002年，内部的大部分细分行业都存在差异性的结构负偏离，生产性服务业均值低于 -1%（结构负偏离高于非生产性服务业），表明其整体的就业吸纳潜力较强。在生产性服务业内部，结构偏离度最大的两个分行业分别是交通运输仓储及邮电通信业、金融保险业，说明这两个行业的就业增长空间最大。成本费用利税率的分析也得出了一致性的结论：生产性服务业内部各分行业均高于20%，而第一产业、第二产业和第三产业中的非生产性服务业成本费用利税率均在10%左右，说明在国民经济各部门中，生产性服务业的就业吸纳潜力是最大的。研究得出结论：总体上中国生产性服务业直接就业效应和间接就业效应是非常显著的，具体表现为

---

① 樊淑红. 新疆生产性服务业就业吸纳能力的分析［J］. 商业经济，2011（1）：18 - 19.
② 孔令锋. 上海市生产性服务业就业吸纳能力实证研究［J］. 人口与经济，2011（2）：33 - 38.
③ 阮婷婷，张岸嫔. 生产性服务业就业效应分析［J］. 中国市场，2012（13）：13 - 17.

就业吸纳能力强和就业增长空间大，因此解决中国就业问题的有效措施和途径之一就是大力发展生产性服务业[①]。

（4）计量经济学方法。钟韵等通过计量方法测定了从1994—1999年生产性服务业从业人数与人均国内生产总值，以及人均国内生产总值增长率之间的相关系数[②]。田霄燕利用计量软件建立了线性回归模型，对中国房地产业创造就业的能力（中国房地产业的就业乘数效应）进行了定量研究，发现房地产业不仅在直接吸纳就业能力上稳定增长，而且具有带动就业增长的间接乘数效应，这主要源于房地产业与其他产业间较强的前向和后向关联关系，使其能够有效拉动关联产业的发展，从而实现整体就业水平的提升（综合就业效应＝直接就业效应＋间接就业效应）[③]。席艳乐等利用上海制造业27个细分行业1997—2009年的面板数据，就生产性服务业对上海制造业就业的影响进行了实证研究。结果显示，整体而言，生产性服务业的发展对上海制造业就业的影响是显著和积极的；但是它对上海制造业就业的影响程度与制造业和生产性服务业的异质性相联系[④]。

（5）其他方法。刘书瀚等通过使用文献分析法，提出生产性服务业与经济中心相关关系图（见图2－1），阐明了生产性服务业能够优化经济中心的产业结构，增加经济中心整体就业水平，提高经济中心的核心竞争力，同时，能够为经济中心吸引高素质人才。因此，经济中心城市核心作用的体现，以及最终发展成为服务型和核心型的城市需要大力发展生产性服务业[⑤]。杨艳琳等采用对比研究的方法，系统深入地分析了中国生产性服务业内部金融业的就业效应。通过与其他国家广泛而深入的对比，发现中国金融业并未充分发挥其带动就业增长的直接就业效应和间接就业效应，该行业具有巨大的就业增长潜力。研究阐明了释放和扩大金融业就业

[①] 刘辉煌，刘小方. 我国生产性服务业就业吸纳能力的实证分析［J］. 东北财经大学学报，2008（1）：22-25.

[②] 钟韵，闫小培. 中国生产性服务业与经济发展关系研究［J］. 人文地理，2003（5）.

[③] 田霄燕. 中国房地产业的就业"乘数效应"分析［J］. 中国房地产金融，2003（11）：167-169.

[④] 席艳乐，易莹莹. 生产性服务业对制造业就业的影响研究——以上海为例［J］. 技术经济与管理研究，2012（5）：112-115.

[⑤] 刘书瀚，张召利. 生产性服务业是经济中心的核心要素——基于上海和香港的实证分析［J］. 当代财经，2011（5）：100-111.

效应可能依赖的路径①。

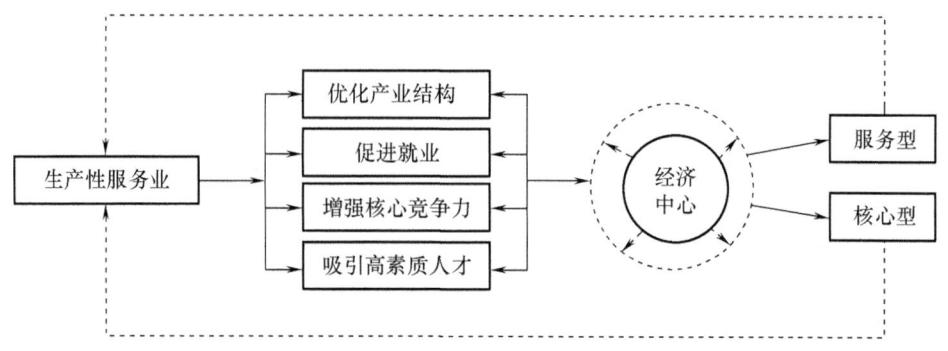

图 2-1 生产性服务业对经济中心作用图

2.2.1.2 主要研究内容和领域

(1) 生产性服务业结构与就业结构优化。按照生产性服务参与生产企业价值创造的环节,我们将生产性服务业内部细分为上游行业(产前服务业)、中游行业(产中服务业)和下游行业(产后服务业)(见表 2-2)。上游和中游生产性服务业的比重可用于测度一个经济体中生产性服务业的结构是否优化。从长期看,发达国家的下游行业(如流通性服务业)占服务业产值比重呈现出不断下降的趋势,而上游行业和中游行业的产值比重则不断上升。从产值比重看,中国生产性服务业的发展变化趋势与国际产业演变的一般规律基本符合,上游和中游生产性服务业增加值比重呈现出不断上升的发展态势,而下游生产性服务业增加值占国内生产总值的比重呈现明显的下降趋势。然而,从就业比重看,中国上游和中游生产性服务业呈现出与产值比重相反的变化态势,就业比重出现了一定程度的下降。杨玉英对比了 1993—2006 年中国上游和中游生产性服务业占服务业的就业比重(见表 2-2),发现金融保险业下降了 0.43%,科学研究和综合技术服务业下降了 0.35%,1993—2003 年,以上两行业的就业比重呈现出直线下降的趋势,产生了就业人口的逆向流动②。

---

① 杨艳琳,陶新桂. 中国金融产业的就业效应分析 [J]. 华南金融研究, 2004 (2): 12-19.

② 陈凯. 服务业对广州就业吸纳作用的实证分析 [J]. 商业经济文荟, 2005 (4).

表2-2 生产性服务业按照生产企业价值创造环节的分类

行业分类		价值创造环节
上游行业	（产前服务业）	可行性研究、产品设计和研发、风险投资业等
中游行业	（产中服务业）	原材料物流、设备租赁业等
下游行业	（产后服务业）	广告、会展、销售物流等

事实上，中国上游和中游生产性服务业吸纳就业的绝对量一直在增加，但由于经济转轨时期其他劳动密集型服务业放开较早，导致其吸收了更多的剩余劳动力，才造就了这样的局面。整体看，上游和中游行业就业比重从2003年起开始了一致性回升（见表2-3）。然而需要强调的是，上游和中游生产性服务业多提供高新技术和专业服务，同比国外上游、中游行业，其就业比重也远低于增加值比重，因此依靠发展这些行业来实现直接就业增长是不现实的。叶明霞的一项研究也得出了几乎相同的结论，她发现中国服务业内部下游生产性服务业中的批发、零售、贸易、餐饮业综合就业系数最高，而综合就业系数最低的是上游生产性服务行业中的科学研究和综合技术服务业，金融保险业、商务服务业、信息服务业等也排在后面几位，说明上游和中游的生产性服务业对就业的直接带动效应较为有限[1]。

表2-3 中国1993—2006年上游和中游生产性服务业就业占服务业就业比重发展趋势

年份	1993	1995	1998	1999	2000	2001	2002	2003	2004	2005	2006
占比	—	—	—	—	—	—	—	4.02	4.11	4.29	4.35
信息服务业	—	—	—	—	—	—	—	0.54	0.57	0.60	0.63
金融保险业	2.1	1.8	1.9	2.0	1.9	1.9	1.9	1.62	1.63	1.65	1.67
租赁和商务服务业	—	—	—	—	—	—	—	0.84	0.89	1.00	1.00
科学研究和综合技术服务业	1.4	1.2	1.1	1.0	1.0	0.9	0.9	1.02	1.02	1.04	1.05

资料来源：杨玉英．中国生产性服务业影响因素与效应研究：理论分析与经验证据［D］．长春：吉林大学学位论文，2010．

（2）特定地区、特定行业和特定群体生产性服务业就业。

1）特定地区：樊淑红认为，优先发展生产性服务业是解决并增加新

---

[1] 叶明霞．中国第三产业各行业就业潜力的实证研究［J］．财经理论与实践，2007（5）．

疆地区就业的重要途径①。孔令锋认为，大力发展生产性服务业应成为解决上海市就业问题的有效策略，而实施差异化的就业激励政策则有助于其就业吸纳能力的进一步提高②。姜鹏从生产性服务业发展影响就业水平的作用机理出发，以大庆市为研究对象，定性探讨了发展生产性服务业提升城市就业水平的路径选择。结论表明加速生产性服务业健康发展对大庆市实现经济更快更好发展和维护就业稳定意义重大，发展生产性服务业促进就业的路径选择主要包括独立发展、发展外包、要素支撑和政策助推③。

2）特定行业：田霄燕对中国房地产业的就业"乘数效应"进行了深入系统的测定和分析④；杨艳琳等使用对比研究的方法深入探讨了中国生产性服务业内部金融业的就业吸纳效应，并进行了国际对比，阐明了中国金融业就业效应扩张的路径依赖⑤。

3）特定群体：徐芳等重点探讨了中国应如何通过发展生产性服务业拓宽残疾人的就业渠道，提升残疾人的就业层次和职业幸福感。该研究表明，作为世界经济中增长幅度最快的行业、现代服务业的核心和产业升级的重要推动力，生产性服务业在解决就业，尤其是残疾人就业方面所发挥的作用越来越大，这主要因为生产性服务业的工作机会通常对体质和体力要求不高，有利于促进就业的性别平等，提高残疾人就业比例，并促进残疾人就业层次提高和提升职业幸福感。随着消费结构的变化和服务方式的转型，作为生产性服务业重要组成部分的呼叫中心产业在中国和全球范围得到快速的发展，其独特的工作特性在吸纳残疾人就业方面展显出巨大的发展潜力⑥。余东华等提出解决"民工荒与大学生就业难"问题的一个途径是加快发展生产性服务业，积极促进制造业的转型与升级，要以生产性服务业发展和制造业升级的双轮并行优化就业市场结构解决上述问题⑦。

---

① 樊淑红. 新疆生产性服务业就业吸纳能力的分析 [J]. 商业经济, 2011 (1).

② 孔令锋. 上海市生产性服务业就业吸纳能力实证研究 [J]. 人口与经济, 2011 (2).

③ 姜鹏. 基于生产性服务业视角提升就业水平的机理及路径选择——以大庆为例 [J]. 对外经贸, 2012 (6).

④ 田霄燕. 中国房地产业的就业"乘数效应"分析 [J]. 中国房地产金融. 2003 (11): 167 - 169.

⑤ 杨艳琳, 陶新桂. 中国金融产业的就业效应分析 [J]. 华南金融研究, 2004 (2): 12 - 19.

⑥ 徐芳, 张文亦. 生产性服务业的发展与残疾人就业促进 [J]. 教学与研究, 2008 (3): 54 - 58.

⑦ 余东华, 范思远. 生产性服务业发展、制造业升级与就业结构优化——"民工荒与大学生就业难"的解释与出路 [J]. 财经科学, 2011, 2 (275): 61 - 68.

车放等以北京市生产性服务业发展为例，采用就业弹性和投入产出分析方法，测算了北京市生产性服务业吸纳城市低保对象就业的能力，对直接就业效应和间接就业效应进行了深入、系统地分析，同时测算了结构偏离度，以衡量城市低保对象在生产性服务行业的就业增长空间。最后，对于如何发展生产性服务业，以提高城市低保对象就业率提出了相应的政策和建议①。

（3）中国生产性服务业的影响因素及对策分析。生产性服务业的快速发展能实现灵活性生产，促进专业化分工。国外学者的研究表明，影响生产性服务业发展的因素主要是外部化趋势和垂直分工。借鉴国外的研究成果对中国的生产性服务业进行实证分析，实证结果表明生产性服务业发展与城市化率、专业化分工程度、外部化的关系密切。因此，促进生产性服务业发展可以从城市化进程、专业化分工深化与放宽生产性服务业市场准入，扩大生产性服务业对外开放等方面进行②。刘小方使用面板数据模型实证检验了四个要素对生产性服务业就业的影响。四个要素分别是城市化水平（城镇人口占全国总人口的比重）、投资水平（各行业的固定资产投资额）、工资水平（各行业的平均工资）和技术水平（劳动生产率与资金产值率的算数平均值）。实证结果表明，工资水平、投资水平和城市化水平三个要素对就业产生正影响，且影响程度依次增强；技术水平对生产性服务业就业产生挤出效应；每一因素对不同行业的影响存在差异。研究提出的政策建议包括：提高劳动者素质、提高生产性服务业的市场化水平、积极推动城市化进程、根据国情选择技术发展路径等③。

2.2.2 国内研究评述

中国学界对生产性服务业就业的相关研究起步较晚，系统而深入地研究也比较有限。随着时间的推移，与生产性服务业就业相关的选题开始引起越来越多学者的关注，他们开始从多角度展开分析，如从其与国民经济其他产业行业的关联关系着手展开对生产性服务业就业的分析等，但现有研究在以下方面还存在一些问题，需提起注意：

---

① 车放，车广吉. 生产性服务业对城市低保对象就业影响的实证分析——以北京市为例 [J]. 学术探索，2012（7）：65 - 69.
② 韩坚. 中国生产性服务业的影响因素及对策分析 [J]. 贵州社会科学，2007（12）：75 - 78.
③ 刘小方. 中国生产性服务业的就业效应及其影响因素研究 [D]. 长沙：湖南大学硕士学位论文，2007.

第一，分析工具的不足。现有研究在测定生产性服务业就业效应时多采用单一指标进行计量和分析，如计算就业弹性和结构偏离度指标。如测定不够全面，而多指标的权衡与评价则更具完整性，本书将在此方面对现有研究加以完善。

第二，相关理论层面的研究较为匮乏。国内学者多通过实证分析研究生产性服务业的就业吸纳效应，从而为产业结构的调整提出参考建议。然而，在影响就业的作用机理方面，以及与生产性服务业就业增长的理论机制研究较为匮乏。

第三，对生产性服务业就业增长影响因素的定性与定量相结合的研究成果较为缺乏。现有研究多以实证检验为核心，对生产性服务业就业影响因素的理论分析比较薄弱，缺乏系统而全面的要素关系挖掘。

第四，分析方法的选择。现有研究在分析方法方面较少使用投入产出法。中国的投入产出调查较为系统地提供了关于各行业的投入产出表，它反映了一定历史时期各个行业部门的相互关系，与其他分析方法相比，投入产出的分析方法更具准确性。

本书将全面深入地展开对生产性服务业就业问题的探讨，并在以上现有研究的薄弱环节方面下大力量加以完善。

3 中国生产性服务业的发展与就业增长的现状

生产性服务业在众多发达国家以及一些发展中国家已经成为带动经济发展和拉动就业增长的主力军,生产性服务业的发展水平也已经成为衡量一个国家或地区现代化发展水平的重要标志,国外的发展经验和实践已充分证明大力发展生产性服务业是当今各国经济发展的大势所趋。随着经济发展水平的不断提高以及社会分工的日益深化,生产性服务业对经济发展和就业增长将产生更大的促进作用。相比之下,中国的生产性服务业起步较晚,与发达国家相比还存在着较大的差距。本章将针对中国生产性服务业的发展和就业现状展开深入分析。

3.1 中国生产性服务业发展的现状分析

国外的发展实践表明,一国提高产业核心竞争力的有效手段之一就是大力发展生产性服务业,它是优化产业结构和转变经济增长方式的重要途径和必然选择。深入分析当前中国生产性服务业的发展特征和现状,使得生产性服务业发展所面临的一系列深层次问题从根本上得以解决,有利于中国生产性服务业形成快速、健康和良好的发展态势,并以此推动经济社会发展水平和就业水平的全面提升。

3.1.1 中国生产性服务业发展的特点

中国工业化自20世纪90年代以来发展态势迅猛,使得主要依附于工业制造业的生产性服务业获得了广阔的发展空间。生产性服务业的发展能够提高劳动与物质资本的生产率,中国正在逐步形成相对完善的生产性服务业体系,其发展也呈现出新的特点。

3.1.1.1 中国生产性服务业表现出向大中城市集聚的趋势

当前,中国的生产性服务业,特别是高级生产性服务业,在地理上呈现出集聚的发展趋势,并且大多是向大中城市的某一区域集中和集聚。中国很多大型城市的中心区都已成为一些知名跨国公司的总部和银行、信托、法律、会计和管理咨询等生产性服务企业高度集中的地区,成为区域、全国乃至全球的协调中心。这些高端生产性服务企业的集聚区成为大城市的中央商务区域,如北京、上海、广州和深圳等大型城市的中央商务区。它的形成对城市价值的提升和现代城市功能的增强具有举足轻重的作用。

中国生产性服务业地理上的集中，一方面带来了如设施共享和成本节约的静态集聚效应，另一方面产生了诸如技术创新和知识传播的动态集聚效应。中国生产性服务业向大中城市集中和集聚的原因有四点：第一，大中城市能够更加便捷地实现知识和信息的获取、交流与更新。大中城市是科研机构和中高级人才的聚集地，也是知识和信息的汇集中心。作为知识资本和人力资本密集型行业，生产性服务业集聚保证了其对关键性要素资源获取的便利性和快捷性，同时使其更能追踪和把握前沿，更能实现多方位多角度的交流与革新，这些对行业发展大有裨益。第二，大中城市是生产性服务业目标客户、公司总部和决策权的聚集地，具备强大的外部规模经济效应。生产性服务业向大中城市集聚能够更加接近目标客户群，降低对买方的搜寻时间、搜寻成本，同时降低买卖双方的交易费用。第三，生产性服务业属于"依附性"行业，它主要为制造业提供服务。近年来，中国制造业呈现出集聚发展的趋势，也是生产性服务业产生集中和集聚的重要原因。第四，政府的相关政策调节和引导促进了生产性服务业在某些特定区域的集中和集聚。

中国政府十分注重促进生产性服务业的集聚式发展。如今，中国生产性服务业集聚式发展趋势明显，一项对中国沿海六省市的整体服务业及其分行业的区位分布与地区专业化情况的研究表明：整体服务业，尤其是知识密集型的生产性服务业空间差异在扩大，而传统服务业空间差异在缩小；北京和上海整体服务业和分行业的集聚趋势很明显[1]。另外，一项对美国和中国进行的比较研究表明，中国服务业中绝大多数行业的集聚程度呈上升趋势，但与发达国家相比，服务业的区域集聚度和行业集聚度都很低，导致服务业集聚结构较差[2][3]。

3.1.1.2 生产性服务业与制造业融合发展，区位分离与区位集聚的空间特征同时显现

目前，中国的经济活动正在由以制造业为中心向制造业和服务业融合

---

[1] 黄雯，程大中. 我国六省市服务业的区位分布与地区专业化 [J]. 中国软科学, 2006, (11)：60 - 73.
[2] 李文秀. 美国服务业集聚实证研究 [J]. 世界经济研究, 2008 (1)：79 - 83.
[3] 李文秀. 中国服务业集聚实证研究及国际比较 [J]. 武汉大学学报, 2008, 61 (2)：213 - 219.

发展的方向转变，生产性服务业与制造业越呈现出相互融合、互动发展的趋势。制造业则呈现出服务化趋向，如制造环节的生产性服务附加值比重日益提高、制造产品的售出更多地包含技术服务和知识服务等，制造业与金融、物流和商务服务等现代生产性服务业的结合日益紧密，融合互动，彼此促进，相互加强的特点更加明显。

(1) 二者在区位上分离。互联网和信息技术的进步与创新削弱了生产性服务业与制造业的地理邻近性。萨森（Sassen）强调在地理上生产性服务业与制造业并不是相互依赖的。生产性服务业，尤其是高级生产性服务业APS，并不必然在地理上集中于制造业的周围。高级生产性服务业（Advanced Producer Services，APS）的主要目标是满足金融、科技、信息和商业流通等方面的需求，它并不以制造业为中心[①]。由于生产性服务是对其他服务业和制造业的中间投入服务，与制造业接近并不是一个在统计上解释生产性服务业区位特征的因素[②]。如果充分考虑要素成本和交易成本，随着商务成本的逐渐提高，生产性服务业由于对交易成本较为敏感而不断地向大中型城市集中和集聚，与之相对，制造业由于对要素成本较为敏感则倾向性地分布于中心城市的外围区域，以此形成了生产性服务业和制造业在这个区域内的协同定位[③]。

目前，中国生产性服务业与制造业融合发展、区位分离的范例是上海与长三角地区的互动。由于上海具有相对发达的生产性服务业，由此而带来了中国长三角地区制造业大量集聚，经济效益显著，成为全国可参考的典型。再如广州市与珠三角地区的互动。珠三角市场是广州生产性服务业在城市外部的市场中最大的部分，珠三角地区是广州生产性服务业主力开拓的外部市场，大量制造企业在此集聚也是受到了来自广州发达的生产性服务业的有效辐射。但广州生产性服务业的外部市场具有随距离而衰减的特征，距广州越远，市场份额越小[④]。

(2) 二者在区位上集聚。安德森（Anderson）通过对就业数据的分析指出，生产性服务业分布是制造业分布的函数，反之亦然，即制造业分布

---

① Sassen S. The Global City [M]. Princeton: Princeton University Press, 2001: 621-645.
② 刘志彪. 发展现代生产者服务业与调整优化制造业结构 [C]. 全国高校社会主义经济理论与实践研讨会第20次会议论文集（第四册），2006: 36-44.
③ 江静, 刘志彪. 商务成本: 长三角产业分布新格局的决定因素考察 [J]. 上海经济研究，2006 (11): 87-96.
④ 钟韵, 闫小培. 区域中心城市生产性服务业的外向功能特征研究——以广州市为例 [J]. 地理科学，2005 (5): 537-543.

也是生产性服务业分布的函数，制造业只有在近距离才能充分利用来自于生产性服务的投入①。拉夫（Raff）等对外商直接投资的研究发现，通常来讲，生产性服务业的外商直接投资都是追随制造业的外商直接投资的②。在这一点上，表现较为突出的就是中国浙江的集群企业，它们多采用集群外部邻近区域的知识和技术密集型的生产性服务业，摆脱自身在资源和能力方面产生的束缚。

（3）区位分离与区位集聚的内在统一。生产性服务业与制造业在区位上分离和集聚同时存在看似存在矛盾，但二者在实质上是统一的。首先，地区经济发展水平是主要影响因素之一，一般而言，在经济发展水平比较高的地区，生产性服务业是趋向于与制造业分离的。其次，取决于生产性服务业的类型和发展程度。高级生产性服务业会在区位上与制造业分离，而设计、研发和技术服务等会在区位上与制造业集聚。最后，基于对要素成本和交易成本的权衡考虑，这是影响生产性服务业和制造业空间布局的重要因素。事实上，目前西方城市生产性服务业集聚的特征格局，正全部或部分在中国大都市呈现，如生产性服务业大区域集中、小区域分散，集中与分散并存；中心外围式的圈层集聚格局较为常见③。

3.1.1.3　生产性服务呈现虚拟化、网络化和外包化的趋势

近年来，中国信息技术快速发展，使得生产性服务业的虚拟化和网络化成为可能，它促进了企业智能化水平的提高，也成为中国生产性服务业发展的重要特征。利用一个虚拟化的框架，不同产业、行业、厂家的不同产品或某种职能可经由一家企业来提供，分工价值链的各个环节可以服务业为中心进行整体的串联，从而有效整合或疏散传统的"内生资源"和"外生资源"，发挥各种结构性要素的市场价值，彰显企业的核心优势。

同时，外包公司能够提供更加专业和优良的服务，促进企业成本的进一步降低。如今中国的服务外包快速发展，主要基于三点原因：第一，近年来，对外包的协调更加有序和便利，国际外包方面也增长显著，主要得益于发达的信息技术和网络技术的普及与广泛应用；第二，越来越多的企

---

① Anderson M. Co - Location of Manufacturing and Producer Services - A Simultaneous Equation Approach [Z]. Working Paper, 2004.

② Raff H, Ruhr M. Foreign Direct Investment in Producer Services: Theory and Empirical Evidence [J]. Applied Economics Quarterly, 2007, 53 (10): 299 - 321.

③ 申玉铭, 吴康, 任旺兵. 国内外生产性服务业空间集聚的研究进展 [J]. 地理研究, 2009 (11): 1494 - 1507.

业认识到服务外包有利于企业在更广阔的领域实现成本最小化和利润最大化的目标;第三,完善的知识产权保护体系、丰富的人才资源和完善的信息网络设施是有效吸引服务外包的有利条件,而这些条件中国已基本具备。在业务外包所涉及的行业当中,软件、金融等发展较为突出。

3.1.1.4 各地发挥自身优势、培育重点和主导型生产性服务业

在生产性服务业的发展方式上,"重点突破、差异布局"是目前中国各地在构建主导型生产性服务业方面普遍遵循的指导思想①。各地注重借助自身的优势、深挖优势产业上游、中游、下游的关系,利用第二产业、第三产业联动发展模式,拓展支柱产业,尤其是注重对重点行业的培育和发展。

例如,生产性服务业已成为北京经济发展的重要支柱和拉动其经济增长的引擎。2008年,北京市服务业占国内生产总值的比重已达到73.2%,其中,以生产性服务业为核心的现代服务业约占全市服务业产值的70%,研发、信息、金融和商务服务等生产性服务业重点领域发展突出。另外,在培育重点和主导型生产性服务业的基础上,北京市同时形成了一些新的发展业态,如软件产业、互联网信息服务、计算机服务、网络游戏、电子银行、电子商务和远程教育等;制造业在专业化分工中独立发展出的一些新的服务业态,如科技研发、技术交易、咨询和工业设计等服务行业。生产性服务业与制造业相伴而生,形成了完整的产业链和产业集群,一批特色鲜明的集聚区逐步形成并发展起来②。

再如,上海在生产性服务业的发展规划中提出"加快自身发展,主动服务全国"的口号,强调对于金融业要创新发展,对会展业要进行整合,对中介服务业要加快发展和培育,对信息服务业要全面发展,对商务服务业要不断提升,对物流业特别是第三方物流要全力发展,目标是把上海打造成为中国乃至亚洲、太平洋地区的国际购物中心和贸易中心。

3.1.1.5 生产性服务体制改革不断深化

中国的市场化体制改革是从工业和传统消费服务领域开始的,生产性服务领域的大部分行业没有经历过市场化改革的洗礼。电信、铁路、烟草和航空等部门曾经垄断严重,金融保险领域也是公有制经济占绝对主导,国家对非国有的服务提供者和外资曾经保持十分严格的市场准入限制。过

---

① 徐佩玉. 发展生产性服务业存在的问题与对策 [J]. 东岳论丛, 2009 (12): 139 – 141.
② 张厚明. 北京市生产性服务业发展与布局研究 [J]. 宏观经济管理, 2010 (6): 61 – 63.

度的保护和管制使得市场机制难以发挥对资源配置的基础性作用,导致服务业缺乏创新的激励和动力、企业效率低下和供给能力不足①。

近年来,随着生产性服务业体制改革的日益深化,电信、航空、金融等行业原来较高的垄断强度得到了不同程度的弱化,例如,电信业,原来是一家独大,后来先是拆分成以中国电信、中国网通、中国移动、中国联通、中国铁通和中国卫通的"5+1"格局,后工信部又于2007年将6大运营商重新拆分重组成中国目前的三大电信基础运营商——中国电信、中国移动和中国联通。目前,中国的三大电信运营商已成为全业务电信业务运营商(包括固网业务,移动业务的2G,3G业务等),从而形成了一个良性的竞争环境②。非公有制经济占金融业的比重增加,对民航业的管制也逐渐放开,物流、信息、科研等生产性服务业也实现了迅速发展。同时,政府加快了职能的转变、服务意识不断提高,监管能力不断改善,注重政策实行的效果与政策设立的初衷,知识产权保护力度增强;内外资服务企业之间存在的不平等待遇也在逐渐消除;统计体系更新和政府部门数据的公开也在不断加速,以促进保险、咨询、信用评估等对数据依赖度较高行业的发展。

因此,从整体上看,中国生产性服务领域的市场化程度逐渐提高,但仍远低于工业特别是制造业的市场化程度,生产性服务业的市场化还有很长的路要走。

3.1.1.6 产业链和行业链延伸发展趋势明显

生产性服务业如今已在发达国家实现了充分的发展,并已形成了一条非常完整的产业链,大公司的转型以及小公司的成长都必须在这条产业链中找到适合自身发展的位置,这条产业链为企业提供了从起点到终点的全方位服务,即提供从产品立项到产品销售服务的整套环节支持。这条完整的产业链目前已经成为发达国家发展市场经济所必要的软环境。

生产性服务也贯穿于生产、流通、分配和消费等社会再生产的各个环节之中,发挥着中间连接性的功能,它的存在提高了生产过程各个阶段的产出价值和运行效率。在世界市场上,企业保持竞争地位的关键是拥有上

---

① 张瑞琴,王河山. 新型工业化进程中生产性服务业发展瓶颈与战略选择 [J]. 改革与战略, 2008 (11): 70-72.
② 中国电信业发展史介绍 [EB/OL]. http://www.docin.com/p-362507013.html, 2012-11-22.

游、中游、下游三个阶段的服务优势,因为贯穿于生产三个阶段的服务[①]优势在产品价值链中越来越胜过物质生产阶段。生产性服务,无论是"内生化"的服务还是"外生化"的服务,都已成为生产者所生产的差异化产品和价值增值的主要源泉。近年来,中国政府一直注重产业链和行业链的延伸发展。通过产业关联紧密化和资源要素共享化实现对社会资本的有效整合,充分发挥正的外部效应优势,实现规模经济与范围经济,最终形成产业共同发展的局面。通过科学的政策导向,政府加强了对生产性服务业产业链的有效引导,促进了产业间的互动与渗透。

3.1.2 中国生产性服务业发展的现状

在发展的过程中,中国生产性服务业呈现出新趋势和新特点,在此基础上本部分对生产性服务业的发展现状进行深层次剖析。

3.1.2.1 中国生产性服务业在国民经济中的地位较高

中国生产性服务业在20世纪80年代中期开始迅速发展,晚于整体服务业的发展,这说明消费服务业由于偏劳动密集型易形成就业,因而早于生产性服务业启动。生产性服务业迅速发展的势头在1992年达到顶峰,逐步走下坡路,这可能与1992年邓小平南行讲话后,中国民间经济迅速崛起,但以轻工业为主的民营产业对专业化的物流、金融服务依赖不大,此消彼长,工业发展迅速而生产服务业停滞有关[②]。2003年,中国重化产业开始增速,该产业需要资本密集型、技术密集型的服务业支持。另外,入世以来服务业开放也逐步放宽了各种管制,因此,2004年以后,中国生产性服务业重新得到发展。而2008年由于金融危机全面影响中国实体经济,导致生产性服务业下挫明显,特别是物流业和金融业,从而改变生产性服务业向上的趋势(见表3-1),2008—2009年出现了生产性服务业产值和就业比重的下降。

从产值和就业两方面分析生产性服务业在国民经济中的地位和发展水平,2010年,中国生产性服务业增加值达到99 915亿元人民币,是2006年49 918亿元人民币的2倍,是2004年36 543.1亿元人民币的2.7倍。从表3-1可见,2004—2010年,中国的生产性服务业对第三产业的经济贡献呈现出波浪式的上升状态,波幅在55.1%~58.0%,占国内生产总值的比重

---

① 此处贯穿于生产三个阶段的生产性服务包括:上游,如可行性研究、风险资本、产品概念设计和市场研究等;中游,如质量控制、会计、人事管理、法律和保险等;下游,如广告、物流、销售和人员培训等。

② 王瑞. 我国生产性服务业发展过程、问题与对策研究[J]. 对外经济贸易大学学报,2011(1):77-85.

在 22.3%~24.9%。总体看,中国的生产性服务业在国民经济中发挥的作用十分明显。其中,显著的是传统的批发和零售业、金融业、交通运输、仓储和邮电通信业;科学研究、技术服务和地质勘查业,水利、环境和公共设施管理业的地位则相对较低(见表 3-2)。从就业人员比重看,2004—2010 年,中国生产性服务业的就业人员占第三产业就业人员的比重呈现波动性逐年上升的态势,从 2004 年的 42.6%,降至 2006 年的 41.8%,再逐年稳步升至 2010 年的 45.3%,但始终不足 50%,即就业比重低于消费性服务业;生产性服务业占全国总就业比重由 2004 年的 15%波动性地上升至 2010 年的 15.7%,远低于发达国家的平均水平,说明中国生产性服务业的发展水平仍处于起步阶段。

表 3-1 2004—2010 年中国生产性服务业发展状况

年份	2004	2005	2006	2007	2008	2009	2010
产值占第三产业比重(%)	56.6	55.1	56.4	57.3	58.0	56.8	57.6
产值占国内生产总值比重(%)	22.9	22.3	23.1	24.0	24.2	24.7	24.9
就业人员占第三产业比重(%)	42.6	42.2	41.8	42.1	42.5	43.5	45.3
就业人员占全国比重(%)	15.0	14.9	14.9	15.1	15.7	14.8	15.7
生产性服务业比较劳动生产率*	1.52	1.50	1.55	1.59	1.54	1.67	1.59
第三产业比较劳动生产率**	1.32	1.29	1.27	1.29	1.26	1.27	1.25

数据来源:* 2004—2010 年就业人员比重数据来源于余东华,范思远. 生产性服务业发展、制造业升级与就业结构优化——"民工荒与大学生就业难"的解释与出路[J]. 财经科学,2011 (2):61-68.

**其他数据依照《中国统计年鉴(2012)》计算得来。

注:① 生产性服务业比较劳动生产率 = 生产性服务业产值占国内生产总值比重/生产性服务业就业人员占全国就业人员比重
② 第三产业比较劳动生产率 = 第三产业增加值占国内生产总值比重/第三产业就业人员占全国就业人员比重

表 3-2 2010 年中国生产性服务业内部各分行业发展状况(%)

分行业	交通运输、仓储和邮政业	信息传输、计算机服务和软件业	批发和零售业	金融业	租赁和商务服务业	科学研究、技术服务和地质勘查业	水利、环境和公共设施管理业
产值占第三产业比重	11.0	5.1	20.6	12.1	4.5	3.2	1.0

续表

分行业	交通运输、仓储和邮政业	信息传输、计算机服务和软件业	批发和零售业	金融业	租赁和商务服务业	科学研究、技术服务和地质勘查业	水利、环境和公共设施管理业
产值占国内生产总值比重	4.8	2.2	8.9	5.2	1.9	1.4	0.4
就业人员占生产性服务业就业人员比重	23.9	7.0	20.2	17.8	11.7	11.1	8.3

数据来源：由《中国统计年鉴（2012）》中相关数据计算得来；其中从业人员占第三产业比重的数据采用按行业分城镇单位就业人员数（2010年年底数）。

另外，对比生产性服务业产值比重与就业比重（见表3-1）发现，中国生产性服务业产值占第三产业比重及占国内生产总值比重，远高于其就业人数占第三产业比重及总就业人数的比重。也就是说，生产性服务业以相对较少的就业人员创造出了相对较大的产值。对于生产性服务业的行业结构效益，此处采用产业经济学中的比较劳动生产率①来衡量，比较劳动生产率是用于测度某行业的劳动力投入产出相对效率的指标。2004—2010年，中国的生产性服务业历年的比较劳动生产率都高于第三产业的平均水平（见表3-1），说明目前中国的生产性服务业的劳动力产出相对效率较高，行业结构效益较好。

生产性服务活动贯穿于产业链的上游、中游、下游所有环节当中，生产性服务业的发展规模和发展水平，一方面与其服务对象的发展规模和水平高度相关，另一方面与其自身的发展基础和起点有很大联系。新中国成立以来，中国第一产业一直持续稳步增长，第三产业无论是发展规模还是发展速度都令人瞩目，而第二产业的发展尤其迅猛，它对生产性服务业的需求也日益增强，使得生产性服务业在国民经济各个部门中的地位和作用日益得到肯定。如今生产性服务业已经成为中国第三产业中最具活力的行业。但考虑到发展基础，中国生产性服务业起步较晚，促进知识和技术向生产力转化的市场机制尚未完善，因此行业的发展基础比较薄弱，导致规

---

① 比较劳动生产率也可称为相对生产率，计算公式为：比较劳动生产率=产业增加值的相对比重/产业就业的相对比重（此处相对比重为相对于国内生产总值及全国总就业）

模小、发展水平低等一系列问题,与当前各行业对生产性服务的需求仍存在巨大差距。

3.1.2.2 中国生产性服务业与制造业联动发展中存在的困难和问题

当前,中国生产性服务业仍处于发展的初级阶段,结构层次仍然比较低,传统型服务业占据60%以上,在与工业联动发展中还存在许多困难与问题。

经济全球化的发展使得国际产业不断向中国转移,引发东部沿海地区产业规模的迅速扩张。目前,中国制造业发展仍然存在低端化,主要原因是"三来一补"的发展模式造成"二少一多"的发展特征,再加上关键技术和营销"两头在外",导致高附加值的关键环节大多被跨国公司所控制①。这样一来,生产组织体系中产品线和产业链必然存在延伸不足的问题,存在于制造业与服务业之间的内生性产业关联被割裂开来,导致产业链向服务业增值部分的延伸受到束缚。因此从现状看,这种国际化的分工体系实际上是为发达国家的物流、金融、法律和市场调研等生产性服务活动提供了广阔的市场,却在很大程度上制约着中国生产性服务业的全方位发展;另一方面,造成了地区、城乡间严重的不平衡。

3.1.2.3 中国与生产性服务业相关的体制机制有待进一步完善

中国生产性服务业内部的一些分行业存在政策性进入壁垒和垄断的问题,竞争不够充分,提供的服务质量较差、方式单一,管理水平相对较低,规模大和竞争力强的企业集团少。与生产性服务业相关的法律体系不完善,新兴生产性服务业的发展缺乏规范和标准,有关政策法规不够配套和健全,政策执行不够透明。

中小型生产性服务企业融资难。受全球经济衰退的影响,很多商业银行的信贷投放普遍采取保大压小的措施,导致新兴的中小型生产性服务企业无法实现借款融资。与中小型工业企业相比,以无形资产为主的服务企业缺乏可供抵押的实物资产,因此更难获得银行贷款。

现行税收制度存在不公平性,对生产性服务业发展产生不利影响。现行税收制度主要是依据制造业成本结构设计的,它较为适应以制造业为主的经济结构,对于发展低附加值企业起到了良好的激励和促进作用,客观上比较不利于具有高附加值的生产性服务业的发展。

---

① "三来一补"指来料加工、来料订货、来件组装和补偿贸易;"二少一多"指企业本地信贷需求少、本地研发或技术服务需求少、产品出口多。

由于较为缺乏行之有效的区域分工与协作机制，中国当前的生产性服务业存在着"有效集聚程度"偏低的问题。由于受到地方性利益的驱使，中国部分省市生产性服务业的发展存在低水平重复建设、资源浪费和过度竞争的问题。例如，中国长江江苏段南京以下内河可见港口林立，万吨级码头泊位超过 100 个，却大多由于货源不足而浪费严重。再如，中国华东地区的机场数量已经高达每万平方公里 0.8 个，比美国均值数量多 0.2 个。另外，由于中国滞后的城市化进程和相对分散的工业布局，使得服务业面临的资源分布相对分散、业态种类较少、有效集聚程度偏低。

3.2 中国生产性服务业就业的现状分析

作为拥有 13 亿人口的发展中国家，中国有着沉重的人口负担和就业压力。如今处于全球经济下滑的大背景下，中国的就业矛盾更加突出。生产性服务业的发展不仅对中国的经济增长具有较强的拉动作用，同时作为第三产业的重要支柱，生产性服务业也应成为第三产业中吸纳劳动力、解决就业问题的主要力量。

3.2.1 生产性服务业拉动第三产业就业增长的现状

3.2.1.1 第三产业就业比重与发达国家和中国经济发展需要相比有差距

（1）第三产业就业比重迅速上升。改革开放以来，随着人均国民收入水平的提高和产业结构的不断升级，中国大量的劳动力开始由第一产业向第三产业转移（见表 3-3），这与配第一克拉克定理中所强调的伴随着人均国内生产总值的提高，劳动力先由第一产业转向第二产业，再向第三产业转移的规律相符合。

具体看，第三产业的就业人数随着第三产业增加值占国内生产总值比重的上升而迅速增加，即第三产业的发展促进了就业增长。第一产业的绝对就业人数自 1978 年呈现增加趋势，于 1991 年达到峰值后下降，截至 2011 年年底就业人数仍有 26 594 万人，但其就业比重在三次产业中明显下降。对于第一产业的就业比重，2011 年比 1978 年下降 35.7%，说明第一产业就业基本已经饱和，一方面是不能继续吸纳劳动力，另一方面是拥有大量需要转移的剩余劳动力。第二产业在 1978—2011 年绝对就业人数快速增长，相对就业比重缓慢上升。其绝对数增长了 3.25 倍，从 1978 年的 6 945 万人增加到 2011 年的 22 544 万人；就业比重增长了 12.24%，从 17.3% 上升到 29.5%。第二产业就业比重自 20 世纪 80 年代中期以来基本都在20%~29%小幅波动。与第一、第二产业相比，第三产业在此期间出现了就业人数和就业比重迅猛上升的态势，并且增长潜力巨大。绝对就业人数增长了4.6倍，从1978年的4 890万人增长至2011年的27 282万人；就业比重增长了23.5%，从1978年的12.2%上升至2011年的35.7%。总体可见，中国的就业结构自1978年以来在不断优化，但与发达国家相比（发达国家第三产业就业比重通常在50%左右）仍存在较大差距。

表3-3　1978—2011年中国三次产业就业人员构成（%）

年份	第一产业就业比重	第二产业就业比重	第三产业就业比重	年份	第一产业就业比重	第二产业就业比重	第三产业就业比重
1978	70.5	17.3	12.2	1995	52.2	23.0	24.8
1979	69.8	17.6	12.6	1996	50.5	23.5	26.0
1980	68.7	18.2	13.1	1997	49.9	23.7	26.4
1981	68.1	18.3	13.6	1998	49.8	23.5	26.7
1982	68.1	18.4	13.5	1999	50.1	23.0	26.9
1983	67.1	18.7	14.2	2000	50.0	22.5	27.5
1984	64.0	19.9	16.1	2001	50.0	22.3	27.7
1985	62.4	20.8	16.8	2002	50.0	21.4	28.6
1986	60.9	21.9	17.2	2003	49.1	21.6	29.3
1987	60.0	22.2	17.8	2004	46.9	22.5	30.6
1988	59.3	22.4	18.3	2005	44.8	23.8	31.4
1989	60.1	21.6	18.3	2006	42.6	25.2	32.2
1990	60.1	21.4	18.5	2007	40.8	26.8	32.4
1991	59.7	21.4	18.9	2008	39.6	27.2	33.2
1992	58.5	21.7	19.8	2009	38.1	27.8	34.1
1993	56.4	22.4	21.2	2010	36.7	28.7	34.6
1994	54.3	22.7	23.0	2011	34.8	29.5	35.7

数据来源：由《中国统计年鉴（2012）》中数据计算得到。

（2）与发达国家相比第三产业就业比重仍有差距。随着人均收入水平的提高，第三产业就业比重不断上升是世界各国就业结构变动中表现出来的一种普遍趋势。20世纪60年代中期以来，发展中国家的第三产业就业比重上升相对更快一些，说明在工业化过程中，农业剩余劳动力不是主要向工业转移，而是较多的向第三产业转移，就业服务化的趋势很强。在20世纪80年代发达国家的第三产业就业结构超过了50%；到2000年，美国、英国、法国、加拿大和澳大利亚的服务业就业比重均超过70%，日本、德国、意大利和韩国的服务业就业比重均超过60%；即使在罗马尼亚、泰国、马来西亚和巴基斯坦低收入的国家，1999年第三产业就业比重也已超过30%[①]。对世界主要国家2005年和2009年三次产业就业比重进行对比（表3-4）发现，中国的服务业就业比重不仅远落后于西方发达国家（服务业就业比重均值超过70%，美国和英国2009年高达80.9%和78.7%），即使在亚洲，中国也处于较低水平，远不及印尼、日本、韩国、马来西亚、新加坡和泰国。因此，尽管中国第三产业自改革开放以来得到较快的发展，吸纳的就业人员越来越多，其就业比重越来越高，但与发达国家相比以及与经济发展的需要相比，仍有很大的差距。不仅远落后于经济发达国家，而且低于发展中国家的平均水平。

表3-4 世界主要国家三次产业就业人员构成（%）

国家和地区	第一产业		第二产业		第三产业	
	2005年	2009年	2005年	2009年	2005年	2009年
中　　国	44.8	39.6*	23.8	27.2*	31.3	33.2*
印度尼西亚	44.0	39.7	18.7	18.8	37.2	41.5
日　　本	4.4	3.9	27.9	25.9	66.4	69.0
韩　　国	7.9	7.0	26.8	16.4	65.2	76.6
马来西亚	14.6	13.5	29.7	27.0	55.6	59.5
新　加　坡	1.1	1.1	21.7	21.8	77.3	77.1
泰　　国	42.6	41.5	20.2	19.5	37.1	38.9
美　　国	1.6	1.5	20.6	17.1	77.8	80.9
法　　国	3.6	2.9	23.7	22.6	72.4	74.1
德　　国	2.3	1.7	29.7	28.7	67.9	69.6
意大利	4.2	3.7	30.8	29.3	65.0	67.0
荷　　兰	3.2	2.5	19.6	16.6	72.4	72.8
俄罗斯联邦	10.2	9.7	29.8	27.9	60.0	62.3

---

① 张淑君. 服务业就业效应研究 [M]. 北京：中国财政经济出版社，2006：93.

续表

国家和地区	第一产业		第二产业		第三产业	
	2005年	2009年	2005年	2009年	2005年	2009年
西班牙	5.3	4.2	29.7	24.7	65.0	71.1
英　　国	1.3	1.1	22.2	19.5	76.3	78.7
澳大利亚	3.6	3.3	21.3	21.1	75.1	75.5
新西兰	7.1	6.6	22.0	20.9	70.7	72.5

资料来源：《中国统计年鉴（2012）》。

注：＊2008年数据。

3.2.1.2　与发达国家相比生产性服务业就业比重仍有差距

（1）中国生产性服务业占总就业比重显著增长。1978—2011年，生产性服务业占第三产业的就业比重基本保持稳定，从1978年占比45.7%到2011年占比49.7%，平均就业比重为44.32%。由上文分析可知，从1978—2011年第三产业就业比重产生了迅猛的增长，即保持相对就业比重较为平稳的生产性服务业就业人员绝对数产生了大幅的增加。这一事实在生产性服务业占总体就业比重的变化中呈现出来。1978—2011年，生产性服务业占总就业比重显著增长，2011年为17.7%，是1978年数值的3.16倍，比1978年的5.6%高出12.1%，绝对人数增长达到1978年的5.06倍（见表3-5）。

表3-5　1978—2011年中国生产性服务业占第三产业和总体就业比重（%）

年份	生产性服务业占第三产业就业比重	生产性服务业占总就业比重	年份	生产性服务业占第三产业就业比重	生产性服务业占总就业比重
1978	45.7	5.6	1999	42.7	11.5
1980	48.0	6.3	2000	41.0	11.3
1985	51.1	8.6	2001	40.9	11.3
1989	51.5	9.4	2002	41.3	11.8
1990	45.0	8.3	2003	43.2	14.9
1991	45.5	8.6	2004	42.6	15.0
1992	45.5	9.0	2005	42.2	14.9
1993	43.3	9.2	2006	41.8	14.9

续表

年份	生产性服务业占第三产业就业比重	生产性服务业占总就业比重	年份	生产性服务业占第三产业就业比重	生产性服务业占总就业比重
1994	44.2	10.2	2007	42.1	15.1
1995	43.8	10.9	2008	42.5	15.7
1996	43.2	11.2	2009	43.5	14.8
1997	44.3	11.7	2010	45.3	15.7
1998	42.4	11.3	2011	49.7	17.7

数据来源：

①2003—2008年数据来源于于东华，范思远. 生产性服务业发展、制造业升级与就业结构优化——民工荒与大学生就业难的解释与出路 [J]. 财经科学，2011（2）：61-68.

②1978—2002年、2009—2011年数据依照2003—2008年数据统计口径，由历年《中国统计年鉴》中相关数据计算得到。

（2）与发达国家相比中国生产性服务业占总就业比重仍处于比较低的水平。生产性服务业在发达国家的总就业中占据着较高的比重。2003年，日本的生产性服务业占社会总就业比重达38%，英国38.1%，澳大利亚42.1%（与中国统计口径存在差异，这三个国家把金融中介和房地产、运输、仓储和通信、租赁及商务活动划分为生产性服务业）①，而中国同期生产性服务业所占比重低于15%。中国生产性服务业占服务业就业比重与美国相比差距不大，但生产性服务业占总体就业比重差距却非常明显（见表3-6）。并且经过10年的发展，这种差距并无缩小态势，剔除统计口径改变的影响，对比1999—2002年和2003—2008年两个阶段，发现中国生产性服务业的就业比重并未发生显著增长。究其原因，一是国内高素质人才数量逐年增长，二是吸纳这些人才的行业发展缓慢，导致生产性服务业集中的产业链的高端（上游和下游阶段）产生劳动力供过于求的问题。由此可见，虽然生产性服务业大量需求高素质人才，但由于缓慢的发展速度、滞后的发展水平、较为有限的整体规模等问题的存在，使其无法满足日益增长的高素质人才对就业岗位的需求。

---

① 刘小方. 中国生产性服务业的就业效应及其影响因素研究 [D]. 长沙：湖南大学学位论文，2007.

表3-6 中国与美国生产性服务业就业比重对比（%）

年份	美国		中国	
	生产性服务业占服务业比重	生产性服务业占总就业比重	生产性服务业占服务业比重	生产性服务业占总就业比重
1999	50.5	40.9	42.3	11.4
2000	50.6	41.1	40.7	11.2
2001	49.9	40.9	40.5	11.2
2002	48.9	40.4	40.8	11.7
2003	48.5	40.3	43.2	14.9
2004	48.6	40.4	42.6	15.0
2005	48.6	40.5	42.2	14.9
2006	48.6	40.5	41.8	14.9
2007	48.4	40.6	42.1	15.1
2008	48.2	40.5	42.5	15.7

资料来源：①余东华，范思远．生产性服务业发展、制造业升级与就业结构优化——"民工荒与大学生就业难"的解释与出路［J］．财经科学，2011（2）：61-68．

②《美国总统经济报告2009》《中国统计年鉴（2009）》。由于统计口径的变化，2003年之前的数据按照行业就业人员数统计计算，2003年（含当年）之后的数据按照行业的城镇单位数据统计计算。

3.2.1.3 生产性服务业就业增长滞后于产值增长

第三产业发展能够带动就业的增加是绝大部分学者都支持的观点。从直观上看，1979—2011年第三产业经济增长率与就业增长率存在一定的关联性，两者的变动趋势基本保持一致（见表3-7）。第三产业的发展会带动就业的发展，但是对就业的影响存在滞后性。

就第三产业内部的生产性服务业而言，其基本复制了第三产业产值增长与就业增长的态势（见表3-8），即就业伴随着产值增长而增长，并且与第三产业整体相比，产值增长与就业增长的同步性稍强，变化更加平稳，且整体的产值增长率和就业增长率均高于第三产业整体水平，表现为1978—2011年生产性服务业产值增长率为7.4%，高于第三产业的6.59%；就业增长率为8.11%，高于第三产业的5.42%。

表3-7 1978—2011年中国第三产业产值增长率和就业增长率（%）

年份	第三产业产值增长率	第三产业就业增长率	年份	第三产业产值增长率	第三产业就业增长率
1979	-6.61	5.87	1996	6.70	6.20
1980	5.41	6.86	1997	4.50	2.82
1981	-0.72	7.47	1998	4.56	2.32
1982	-4.39	2.44	1999	1.32	1.83
1983	-0.10	8.47	2000	4.14	3.22
1984	11.85	17.15	2001	3.93	1.72
1985	22.47	8.01	2002	1.85	3.93
1986	3.36	5.41	2003	2.50	3.09
1987	4.39	6.63	2004	4.74	5.18
1988	13.50	5.73	2005	3.40	3.14
1989	12.66	1.97	2006	3.56	3.00
1990	5.61	18.26	2007	8.41	1.08
1991	14.45	3.33	2008	6.84	2.80
1992	13.42	5.82	2009	2.87	3.07
1993	13.51	8.13	2010	6.84	1.84
1994	22.23	9.55	2011	7.93	3.61
1995	12.42	8.80	均值	6.59	5.42

数据来源：《中国统计年鉴（2012）》。

表3-8 1978—2011年中国生产性服务业产值增长率和就业增长率（%）

年份	生产性服务业产值增长率	生产性服务业就业增长率	年份	生产性服务业产值增长率	生产性服务业就业增长率
1978—1980	2.42	18.73	2000	3.08	-0.73
1985	30.49	60.69	2001	2.17	1.40
1989	17.16	22.12	2002	0.92	4.82
1990	5.32	3.42	2003	0.81	3.97
1991	20.28	4.49	2004	3.89	-14.88
1992	13.90	5.77	2005	0.59	7.41

续表

年份	生产性服务业产值增长率	生产性服务业就业增长率	年份	生产性服务业产值增长率	生产性服务业就业增长率
1993	11.25	2.95	2006	1.60	6.45
1994	21.44	11.74	2007	7.78	6.72
1995	12.21	7.91	2008	6.41	7.43
1996	7.22	4.75	2009	-1.15	12.17
1997	2.65	5.36	2010	6.48	5.95
1998	1.60	-1.91	2011	7.26	13.70
1999	-0.71	2.40	均值	7.40	8.11

数据来源：1978—2011年数据按照相同口径，经由历年《中国统计年鉴》和《中国第三产业统计年鉴》中的相关数据计算得到。

3.2.2 生产性服务业内部各分行业就业现状

3.2.2.1 生产性服务业内部各分行业就业比重的差异性

如表3－9所示，在生产性服务业拉动中国第三产业就业增长的同时，生产性服务业内部各分行业的就业比重也发生了较大的变化。下游生产性服务业以交通运输仓储和邮政业、批发零售业为主，无论是从增加值构成，还是从就业结构看，以批发零售业和交通运输仓储业为代表的分销性服务业，在中国第三产业中占有重要的位置，占比一直处于前两位。其中，交通运输仓储和邮政业所占就业比重最高，均值达到25.9%，但从2003—2011年呈现逐年下降的趋势，从2003年的27.5%下降到了2011年的23.3%，说明交通运输仓储和邮政业的就业增长速度低于其他分行业，导致绝对就业人数小幅增长，但就业比重在持续下降；排在第二位的批发和零售业所占就业比重自2003年以来也保持着下降的趋势，一度从2003年的27.2%跌到了2010年的20.2%，但2011年出现回转，就业比重增至22.8%。排在第三和第四位的分别是金融业与租赁和商务服务业，其就业比重一直保持着小幅稳步上升的趋势，2003—2011年的增幅分别为2.5%和2.2%；其他上游、中游分行业所占就业比重近年变化相对不大，均呈现出稳中有升的态势。

表 3-9　2003—2011 年中国生产性服务业内部各分行业就业比重（%）

行业	上游、中游生产性服务业					下游生产性服务业	
	信息传输、计算机服务和软件业	金融业	租赁和商务服务业	科学研究、技术服务和地质勘查业	水利、环境和公共设施管理业	交通运输、仓储和邮政业	批发和零售业
2003	27.5	5.1	27.2	15.3	7.9	9.6	7.5
2004	27.6	5.4	25.6	15.5	8.5	9.7	7.7
2005	27.0	5.7	23.9	15.8	9.6	10.0	7.9
2006	26.7	6.0	22.5	16.0	10.3	10.3	8.2
2007	26.5	6.4	21.5	16.6	10.5	10.3	8.2
2008	25.6	6.5	21.0	17.1	11.2	10.5	8.1
2009	24.9	6.8	20.5	17.6	11.4	10.5	8.1
2010	23.9	7.0	20.2	17.8	11.7	11.1	8.3
2011	23.3	7.5	22.8	17.8	10.1	10.5	8.1
均值	25.9	6.3	22.8	16.6	10.1	10.3	8.0

数据来源：《中国统计年鉴（2012）》。

3.2.2.2　生产性服务业内部各分行业就业的高增长性

统计表明，2003—2011 年，中国第三产业和生产性服务业内部各分行业就业增长率均值均高于总就业增长率（见表 3-10），充分表明第三产业和生产性服务业对总体就业的显著拉动效应。八年来，中国第三产业就业增长率呈现先下降后上升的态势，平均就业增长率达到 3%，高于总就业增长率 0.4%，显示了第三产业对拉动整体就业的作用。生产性服务业内部所有分行业的平均就业增长率超过总就业增长率均值，70% 的分行业平均就业增长率超过第三产业总体水平，呈现出显著的就业高增长性的特点。

具体来看，生产性服务业内部各分行业就业增长率呈现出较大的差异性：就 2003—2011 年各个分行业的平均水平而言（见图 3-1），排在前五位的是信息传输、计算机服务和软件业（7.8%），租赁和商务服务业（5.9%），金融业（4.6%），科学研究、技术服务和地质勘查业（3.8%），水利、环境和公共设施管理业（3.7%），以上五个分行业属于企业生产活动高附加值的上游环节，其就业增长率均显著高于第三产业整体水平（3%），说明自 2003—2011 年以上五个分行业对第三产业就业增长起到了较强的拉动作用。然而，从八年均值看，处于企业生产活动下游环节的交通运输、仓储和邮政业（0.5%）以及批发和零售业（0.7%）的平均就业增长率低于第三产业整体水平（3%），并且很多年份均为负增长。但从 2003—2011 年看，这两个分行业均表现出波动性上升的趋势（见表 3-10），特别是在 2011 年交通运输、仓储和邮政业较上一年增长 5.5%，高出该分行业均值 4.5 个百分点；批发和零售业较上一年增长 18.3%，较该分行业均值高出 20.3 个百分点，表现出强劲的增长势头，对当年的就业增长产生了拉动作用。

表 3-10　中国 2003—2011 年生产性服务业内部各分行业、第三产业和总就业增长率

(%)

年份	总就业增长率	第三产业	交通运输、仓储和邮政业	信息传输、计算机服务和软件业	批发和零售业	金融业	租赁和商务服务业	科学研究、技术服务和地质勘查业	水利、环境和公共设施管理业
2003－2004	0.7	5.2	－0.7	5.9	－6.6	0.8	6.0	0.1	2.1
2004－2005	0.5	3.1	－2.8	5.2	－7.3	0.9	12.4	2.5	2.4
2005－2006	0.4	3.0	－0.2	6.2	－5.2	2.3	8.3	3.4	3.7
2006－2007	0.5	1.1	1.7	8.7	－1.7	6.1	4.4	3.4	3.5
2007－2008	0.3	2.8	0.7	6.2	1.5	7.1	11.1	5.6	2.0
2008－2009	0.3	3.1	1.1	9.0	1.3	7.5	5.8	6.0	4.2
2009－2010	0.4	1.8	－0.5	6.9	2.7	4.7	6.7	7.2	6.4
2010－2011	0.4	3.6	5.0	14.5	21.0	7.5	－7.6	2.1	5.2
均值	0.4	3.0	0.5	7.8	0.7	4.6	5.9	3.8	3.7
2003－2011	3.6	26.3	4.1	82.1	3.1	43.0	56.2	34.5	33.5

数据来源：《中国统计年鉴（2012）》。

从 2003—2011 年逐年看（见表 3-10），信息传输、计算机服务和软件业就业增长是最快的（增长率均值 7.8%，在生产性服务业中最高，2011 年与 2003 年相比其就业增长率达到了 82.1%），充分表明作为当今最具活力的新兴产业之一，其发展已经渗透到国民经济和社会生活的各个领域，是当前发展速度最快、技术创新最活跃、增值效益巨大的一个新兴产业[①]，作为服务业的重要组成部分，它的迅猛发展带动了就业增长率的迅

---

① 中国地区经济发展报告 [EB/OL]. http://dqbg.cei.gov.cn/showdoc.asp? blockcode = DQBGHEBFX&filename = 201012201635.

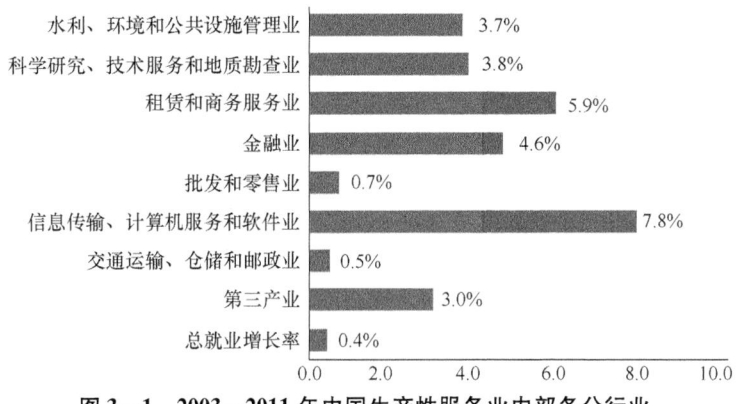

图 3-1 2003—2011 年中国生产性服务业内部各分行业、第三产业和总就业增长率均值

速提升；金融业，科学研究、技术服务和地质勘查业，水利、环境和公共设施管理业分行业波动上升的趋势也较为明显，就业增长的稳定性相对较高；批发和零售业，交通运输、仓储和邮政业，租赁和商务服务业的就业增长率波动性较大，其中以租赁和商务服务业的就业波动性最为明显。

3.3 本章小结

生产性服务业的发展与其就业功能的发挥是联动的，本章对中国生产性服务业发展现状和就业现状做了全面梳理。

首先，探讨了当前中国生产性服务业发展的特点：中国生产性服务业在地理上表现出明显的向大中城市集聚的趋势，集聚的特征格局为大区域集中、小区域分散，集中与扩散并存，中心外围式的圈层集聚空间格局较为常见。中国生产性服务业与制造业融合发展，区位分离与区位集聚的空间特征同时显现。生产性服务呈现出虚拟化、网络化和外包化的趋势。中国各地发挥自身优势、培育重点和主导型生产性服务业。生产性服务体制改革不断深化，市场化程度逐渐提高。中国政府注重引导，产业链和行业链延伸发展趋势明显。

其次，生产性服务业发展的现状分析表明，中国生产性服务业在国民经济中的地位较高，但规模较小、发展水平较低；在与制造业的联动发展中存在困难和问题，国际化的分工体系实际上是为发达国家的生产性服务活动提供了广阔的市场，却在很大程度上制约了中国生产性服务业的全方位发展；与中国生产性服务业相关的体制机制问题包括存在政策性进入壁垒和垄断，相关的法律体系不完善，融资难，税收制度不公平，区域分工与协作机制缺乏，有效集聚程度偏低等，这些都有待于解决和完善。

最后，对中国生产性服务业就业现状的分析表明，生产性服务业对第三产业就业增长起到了很强的拉动作用。伴随着第三产业占总就业比重的迅速上升，生产性服务业占第三产业的就业比重稳中有升、占总就业比重显著增长，生产性服务业内部各分行业就业呈现出差异性和高增长性的特点，但生产性服务业就业比重低于产值比重，就业增长滞后于产值增长，占第三产业就业比重仍低于消费性服务业，占总就业比重无论是与发达国家相比，还是与发展中国家相比都处于较低水平。

4 生产性服务业影响就业的作用机理

生产性服务业的发展一方面能够促进经济社会发展，另一方面对就业增长具有重要的促进作用。生产性服务业在与其他产业，特别是与制造业互动发展中促进就业实现全面增长。生产性服务业主要是依附于制造业而存在的，制造业的迅速发展将增加对生产性服务的需求，刺激并促进生产性服务业加快发展，实现直接就业增长。发达的生产性服务业也会反作用于制造业，一方面促使制造企业不断创新、提高生产效率、提升产业集群竞争力而获得大发展；另一方面，发达的生产性服务业可以显著改善地区投资环境，提高地区投资的吸引力，从而有效带动相关产业的发展，促进经济增长和就业水平提升。本章将从"理论层面"和"作用机理"两个角度分析生产性服务业的发展对就业的促进作用。

4.1 生产性服务业发展促进就业增长的理论分析

生产性服务业通过多途径直接或间接地促进经济增长，从而实现直接和全面就业水平的提升。在理论层面，生产性服务业发展与就业增长的相关理论主要包括分工及迂回生产学说、累积循环过程理论、生产流程的价值链理论、产业微笑曲线理论、比较优势理论、外包理论和产业关联理论。

4.1.1 分工及迂回生产学说

经济的持续发展会带来市场扩容和专业化分工深化，经济效率不再取决于生产活动本身的生产效率，而是愈发由不同生产活动之间所建立起来的联系所决定。因此，生产性服务业自身发展、经济增长和就业增长的互动关系可以从分工深化和不同部门迂回关联的角度展开分析。

里德尔（Riddle）认为，生产性服务业扮演着"经济黏合剂"的角色，是促进其他部门价值增长的过程产业。他在构造的"经济部门相互作用模型"中，分析了服务在专业化的部门分工中所发挥的独特功能。他发现，生产性服务业与其他产业进行着复杂的互动，它不是奢侈的或被边缘化的经济活动，而是始终位于经济活动过程的核心地带①。生产性服务业的大发展源于社会分工的深化，专业化分工使得企业把原来内部职能中的设计、研发、财务和营销等逐步外包，实现了内部服务外部化的变革。由此，专业化分工越发细化、企业竞争优势越发彰显，行业中间投入品日益增加。中间投入品种类的增加有助于缺乏技术和资源禀赋优势的地区产生新的比较优势，改变其在分工中的地位，带来相关产业产值增长和就业增长。

迂回生产学说中的奥地利学派认为，生产过程的重组和迂回是除了资本密集度提高能提升生产力之外，大幅提高生产力的重要因素。更加迂回的生产过程一方面要使用更加专业的劳动力和更加充裕的资本，另一方面增加的生产步骤也大幅增加了中间投入品的数目。生产性服务业在迂回生产过程中扮演了重要的角色，发挥了重要的作用。它将知识资本和人力资本导入整个复杂迂回的生产过程之中，实质上是充当了两项关键资本的传递工具。生产性服务业是知识资本和人力资本进入整个生产过程的重要通道，当其在生产过程中与其他形式的资本结合时，将产生合力效应，一方面能提高生产效率，另一方面可提高商品和服务的质量。通过生产性服务业这一关键路径不断积累知识资本和人力资本，使得分工和专业化深化，这样一来，迂回生产表现为一个不断深化发展的经济过程。

迂回生产学说可以清楚地用于解释生产性服务业与制造业、经济增长和就业的关系。生产过程越迂回复杂，产业链越长，增加值越多②，知识资本和人力资本的投入越大，作为中间投入品的生产性服务业就越能彰显其重要性。伴随着生产过程的迂回化和复杂化，日益细化的每个生产环节都需要具有较高知识水平和技能水平的劳动者实行统筹规划与控制，以提高效率。作为中间投入性的服务，生产性服务业的效率体现为，在微观层面所发挥的积极作用和在宏观层面所产生的经济影响，具体包括，促进产业集聚、工业化、经济增长和就业水平的整体提升。

4.1.2 累积循环过程理论

累积循环原理指出，每一个发展阶段都依赖于前一阶段的发展水平，同时也会被后面的发展阶段所依赖。一种发展一旦开始于某个地区，就会通过

---

① 喻国伟，苏敬勤.基于知识视角的制造企业与生产服务组织共生关系分析［J］.大连理工大学学报（社会科学版），2008（3）：29-33.

② 增加值是指生产性服务的产出。以人力资本和知识资本作为主要投入的生产性服务业，产出中也体现着人力资本与知识资本的增值服务。

一个循环的累积过程实现不断增长。生产性服务业与其他产业，主要是制造业的互动发展是一个累积循环的过程（见图4－1），它在发展过程中催生出更多相关服务企业，从而实现服务业总体就业水平的提升；生产性服务业的发展将完善当地投资环境，增加地方财富，投资资金增加将使信息、技术等生产性服务市场的发展更为完善，创造更多就业机会；发展生产性服务集群有利于扩大地区服务贸易，增加地区产业对生产性服务的需求，进而提高地区经济发展水平和就业水平。当生产性服务业进入一个累积循环的良性发展轨道，其资本流动、服务需求和就业相应增长、规模实现扩张，生产性服务业将通过循环累积过程不断实现自我增长、促进经济增长；而经济增长又会反作用于生产性服务业，推动其快速发展。于是，这个良性的循环累积过程不断加强，就业水平的全面提升得以实现。

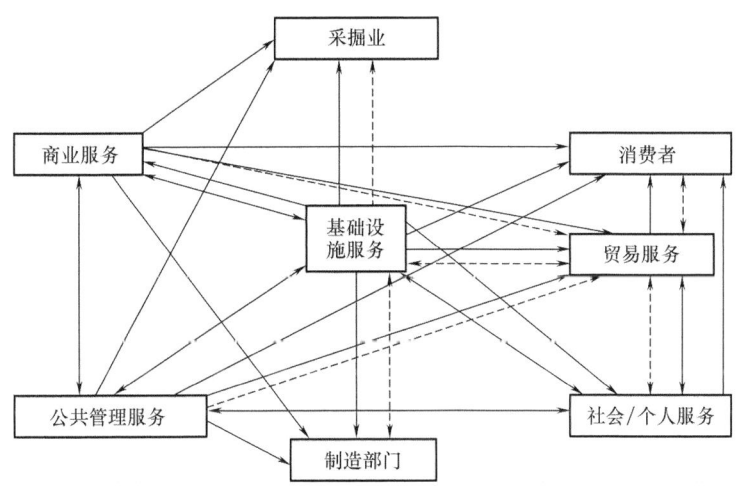

图4－1　里德尔交互经济模型

资料来源：郑吉昌，夏晴. 论生产性服务业的发展与分工的深化［J］. 科技进步与对策，2005（2）：13.

生产性服务业与制造业相互影响、相互制约，是一种累积性的内生性过程。生产性服务业应在一个良性的循环累积过程中实现自身发展、经济增长和就业增长，并通过循环累积而不断得到加强，在循环过程中就业水平的全面提升得以实现。然而，与良性累积循环相对的是一种不良的锁定（Lock－in）状况，目前，中国低度化的工业结构弱化了对生产性服务需求的现状，可进一步使用图4－2所示的理论模型加以说明。在劳动密集型的工业发展阶段，一些传统的生产性服务业，如金融、商贸、交通、仓储和邮政等，实现了从无到有的快速发展。随着劳动密集型工业向资本密集型工业演进，资本密集度高的重工业继续推动原有的金融、交通、仓储和批发贸易等传统生产性服务业向前发展。但由于此前阶段的补偿式发展使得发展基数变大，因此该阶段表现为平稳发展或略有下降，主要通过增加服务品种和提高服务质量来实现发展。同时，一些现代新兴的高级生产性服务业从工业中分化出来，如技术咨询、研发、设计、广告、市场调查、会计、法律、工程和建筑服务等生产性服务业与工业的升级互动始于知识要素应用于生产过程。在该阶段，制造业是生产性服务业的需求主体，若制造业对生产性服务的需求不足，则会制约生产性服务业的发展，导致生产性服务企业规模小、成本高；生产性服务业的低度、低效、低质、低供给将导致制造企业丧失竞争优势、发展受到抑制；竞争力不强的制造业反过来对生产性服务的需求会降低，进而束缚生产性服务业的发展。这样，二者就形成了一种不良锁定（Lock – in）。低效有限的需求和低效低质的供给会将产业发展带入低层次均衡，形成不良锁定，生产性服务业发展陷入困境①。目前，中国面临着一定程度的生产性服务业与工业互动发展困境，特别是生产性服务业长期以来发展较为缓慢，这个模型可以提供一定的解释。

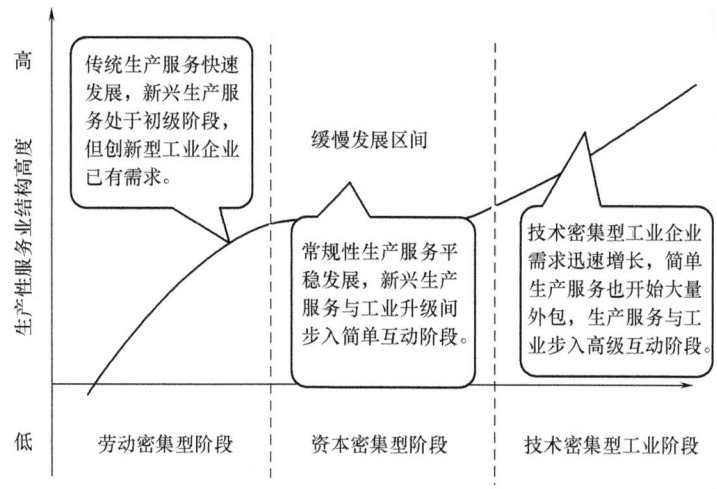

图4-2　生产性服务业与工业升级的互动演化

资料来源：杨玉英．我国生产性服务业影响因素与效应研究：理论分析与经验证据［D］．长春：吉林大学学位论文，2010：25．

---

① 该观点来源于清华大学CIDEG2006–2007年度重大项目研究报告"中国生产者服务业发展与工业升级的关系研究"，在报告中李江帆教授从生产性服务业与制造业互动的角度，提出二者存在坏的路径依赖。

4.1.3 价值链理论

价值链分析法是由美国著名战略学家迈克尔·波特提出的,他按照"基本活动"和"辅助活动"把企业内部和外部价值增加的活动进行分类。两类活动构成了企业的价值链(见图4-3)。对价值链的分析表明,企业创造的价值主要来自于价值链上的那些创造较高价值的活动,而这些活动被称为价值链的战略环节。日益激烈的国际经济竞争使得企业在加工制造环节的竞争优势逐渐减少,具有战略环节性质的生产性服务活动的竞争优势正在形成。企业之间差异化的价值链是产品和服务差异化的基础,目前已成为企业竞争优势的关键所在。而内部化和外部化的生产性服务都对产品价值增值起着关键性的作用。

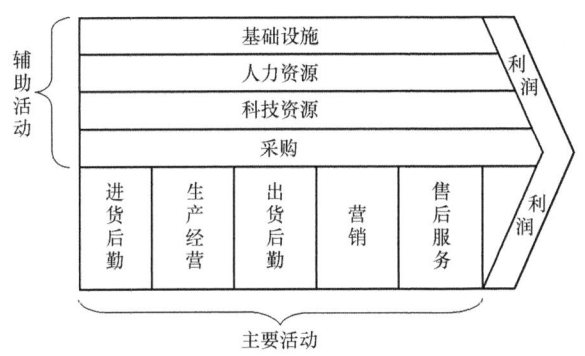

图4-3 价值链

资料来源:蔡斯,等. 运营管理 [M]. 任建标,等译. 北京:机械工业出版社,2007:342.

从生产流程角度将企业的生产活动划分为上游、中游、下游三个环节(见图4-4)。将企业生产活动的三个环节与生产性服务业产业链进行对应分析表明,生产性服务业贯穿于生产过程的所有环节,对专门的生产性服务的需求存在于生产过程的各个阶段,如上游阶段的可行性研究、产品设计、市场研究等;中游阶段的质量控制、设备租赁、维修保养、会计、人力资源管理和保险等;下游阶段的广告、运输、人员培训等。细观可见,生产性服务占增加值比重不断上升,加工制造环节已不是现代生产型企业利润的主要来源,它已转移至产品设计、市场开发等生产性服务链上。伴随着竞争的日益加剧,价值链上的那些创造较高价值的生产性服务活动将日益深化、细化,生产性服务业将成为推动经济增长和就业增长的重要力量。

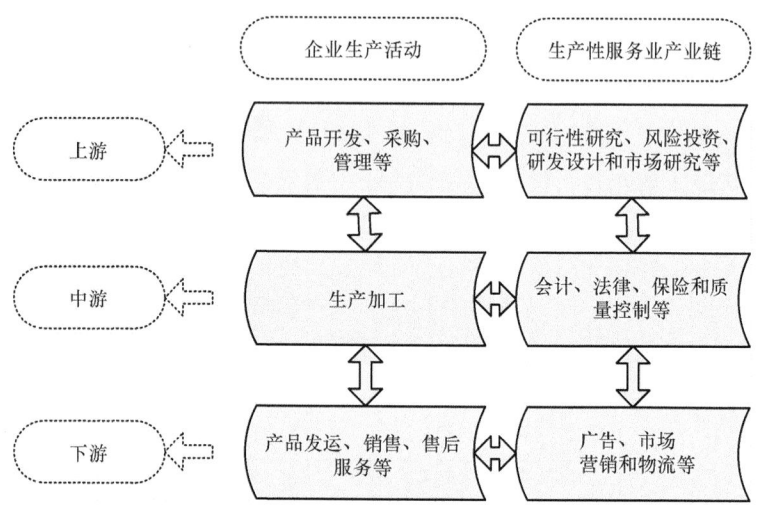

图4-4 企业生产活动和生产性服务业产业链示意图

4.1.4 产业"微笑曲线"理论

生产性服务业的价值链可以通过产业"微笑曲线"（Smiling Curve）[①]理论进一步说明（见图4-5）。该理论的图示是微笑嘴型的一条曲线，中间凹陷、两端朝上，用于表示价值链的不同环节在不同生产阶段的增值能力存在差异。产业链中高附加值的环节体现在两端，如上游的设计和下游的销售。制造业处于中间环节，附加值最低。"微笑曲线"的价值在于一方面可以找出附加价值所在的环节，另一方面可用于把握竞争的形态。

产业的"微笑曲线"可划分为三个环节，分别是上游研发（全球性竞争）、中游制造和下游营销（当地化竞争）。在以上环节中，上游和下游主要是生产性服务活动，即生产性服务业处于价值链的高端，处于价值链低端的是制造业。当前，由于制造业产生的利润较低，全球制造业已经供过于求。但是研发与营销的附加价值高，因此产业未来应朝微笑曲线的两端发展，即在上游加强研发积累智慧财富，在下游加强客户导向的营销与服务。

[①] 宏碁集团创办人施振荣在1992年为"再造宏碁"提出了著名的"微笑曲线"理论，以此作为宏碁的策略方向，十年后他又将"微笑曲线"加以修正，提出了"产业微笑曲线"，并以此作为台湾各种产业中长期发展策略的方向。

4 生产性服务业影响就业的作用机理　73

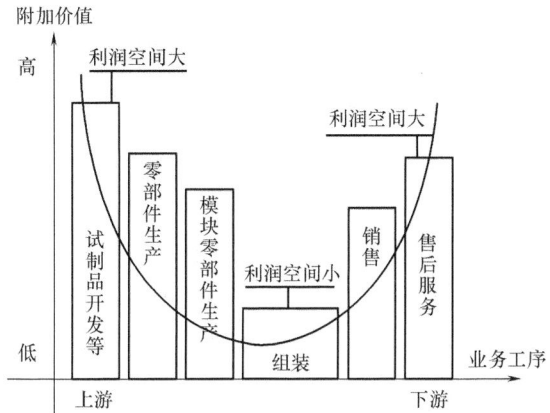

图 4-5 产业微笑曲线

资料来源：施振荣，黄亦筠，等．施振荣开讲：民族品牌升级之路 [M]．沈阳：万卷出版公司，2010：4．

生产性服务业依附于制造业而存在，生产性服务贯穿于制造业的各个环节。目前，中国制造业存在着诸多问题，如产品初级、技术含量低、产业链短和附加值少等，保持比较优势主要依赖于庞大的生产规模和低廉的劳动力。为实现制造业的升级，中国必须实现由现在的劳动密集型制造业向资本、技术和知识密集型制造业转变，使制造加工不断深化，延伸全球价值链在中国的产业分工布局。同时，精细化制造业的生产环节，在制造加工环节当中嵌入更多的生产性服务活动，有效地实现产业链条的迂回，在提高效率、降低成本的同时提高产品的技术增加值，进而吸纳更多的专业人才。制造业由劳动密集型转向知识密集型将彻底改变目前对低素质劳动力的依赖。而转型升级的结果是在更深入和更广阔领域与生产性服务业的互动发展，在对劳动力需求方面的变化为：对低素质劳动者的需求下降，对高素质的专业化人才需求增加。因此，制造业转型升级和生产性服务业发展将有助于产业结构和就业结构的优化。

制造业转型升级和发展生产性服务业对中国就业结构优化的作用机制如图4-6所示，其中，曲线1是微笑曲线，曲线2是中国的劳动力需求曲线。生产性服务业的发展对高素质人才的需求将增加，制造业的转型升级也会增加知识和技术等软投入，从而提升制造业的增加值，增加制造业对高素质人才的需求，减少其对低素质劳动力的依赖。这样，附加值增加将会使微笑曲线（曲线1）整体上移、弧度变小。同时，劳动力需求曲

（曲线2）也将变得较为平缓，使得原本存在的低素质劳动力正向缺口和高素质劳动力负向缺口同时减小或消失，这将彻底优化中国的就业结构。由此可见，生产性服务业的发展一方面带动就业增长，另一方面也优化了就业结构。

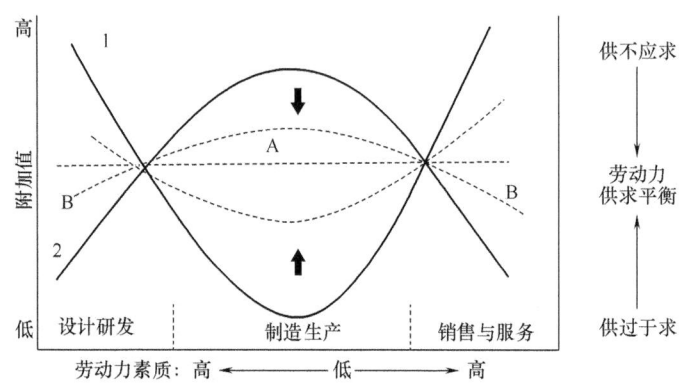

图4-6 发展生产性服务业影响中国劳动力供需状况变动示意图
资料来源：余东华，范思远. 生产性服务业发展、制造业升级与就业结构优化——"民工荒与大学生就业难"的解释与出路 [J]. 财经科学，2011 (2)：61-68.

4.1.5 比较优势、外包和产业关联理论

比较优势理论、外包理论和产业关联理论对生产性服务业的就业效应提供了很好的解释。

4.1.5.1 比较优势理论

亚当·斯密是最早系统提出比较优势理论的经济学家，其比较优势理论被称为绝对成本优势理论。斯密认为，各国都存在适宜于生产某些特定产品的绝对有利的自然条件或后来获得的专长，如果各国都按照其绝对有利的生产条件去进行专门化生产，然后彼此进行交换，则对所有国家都是有利的。这将会使各国的资源、劳动力和资本得到最有效的利用，从而实现劳动生产率的大幅提高和物质财富的增加。

从经济学的角度看，成本优势促进了专业化分工的深化和企业外包活动的出现，而生产性服务业的产生和发展就是以此为前提和基础的。企业就像一个生产函数，它需要对多种生产要素进行组织和安排以生产产品或者提供服务，如对劳动力、资本、技术等生产要素的协调和安排，同时还须以最小化成本来赢得其在市场上的优势。在实际生产过程中，企业需要

做出"制作"或"外购"相关生产要素的重要决策,这将对企业的成本结构、人员配置、制造方式和区位选择等产生重大影响。如果外部组织能够做得成本—效益更优,则应选择外购;相反,如果企业自身可以做得更加优质高效,则应选择内部制作。在《企业的性质》一书中,科斯对企业内部化和外部化的活动进行了分析和解释。他认为,随着社会分工的日益深化,制造企业和服务提供商的交易量将会日益增加,只要劳动分工的边际收益(Marginal Revenue)高于交易费用的边际增长(Marginal Cost),那么劳动分工就会进一步细化,制造业的生产效率也会进一步提升。

4.1.5.2 外包理论

外包是指企业将一些非核心的、辅助性功能或业务交给企业外部的专业服务机构完成,通过它们所具备的优势和专长提高企业的效率和竞争力,而企业自身仅专注于核心功能或业务,从而降低成本、提高效率、充分发挥核心竞争力和增强企业对外部竞争环境的迅速应变能力。按照波特对企业生产活动上游、中游、下游三个环节的划分,生产性服务作为中间性投入贯穿于三个环节的始终(见图4-4)。从企业活动看,这种满足中间需求的生产性服务,就是企业的外包业务。

外包的发展主要基于三个原因:第一,由于技术进步、生产专业化程度提高和产业组织复杂化,使得企业内部对专业化服务的需求日益增强,一些高度专业化服务部门便应运而生了。第二,企业出于降成本、提效率的考虑,集中精力抓生产,将所有与生产无直接相关性的服务活动交给专业化的服务公司去做,享受因专业化分工带来的高效率。第三,来自于激烈竞争和创新方面的压力迫使企业从外部获取知识和技术资源,因此对知识和技术密集性生产性服务的需求增长。

企业业务外包是指企业使用中间投入的服务,而中间投入的服务主要是生产性服务。外包的发展反映了社会分工与专业化程度的加深,它是现代企业在生产活动中,利用比较优势原理对主要价值增值活动的有效选择与把握,生产性服务业的发展是企业产品价值增值的源泉。生产性服务贯穿于生产、流通、分配和消费等社会再生产的所有环节之中,它在全球尤其是西方发达国家发展较为充分,产业分工日益细化、一条完整的产业链逐步形成并延展。这条产业链实现了为企业提供从产品立项到营销与服务,即起点到终点的全方位支持。在生产的上中下游三个阶段都有对专业化的生产性服务的需求,它提供的服务产品增加值占比越来越高,越来越多的企业对生产性服务大量投入,差异化自家产品、拉开与竞争对手的差距、在非价格竞争中取胜。近年来,欧美国家企业服务活动大量外包,促进了生产性服务业的快速发展和就业增长。

4.1.5.3 产业关联理论

美国发展经济学家赫希曼在《经济发展战略》中,依据投入产出的基本原理详细研究了产业间的关联度与工业化的关系。他认为,任何一个产业部门都可通过供需关系与其他部门相互联系、相互依赖,形成产业链。产业部门彼此之间存在密切的关联效应,任何一个部门都不是孤立存在的[1]。产业关联度越强,该产业在国民经济中的地位就越高,对经济增长的影响作用就越大。赫希曼认为,对于一些发展中国家,其资本相对不足、国内市场相对狭小,应首先发展那些关联度强的产业,并以此带动其他产业的发展。他的这一观点曾对日本以及其他发展中国家选择主导产业时产生过重要的影响。

按照该理论,在产业结构体系中,任一产业部门在生产过程中的任一变化,都将通过这种关联关系对其他产业部门产生波及和影响。从理论上而言,由任一产业部门的变化而引发的产业部门间的这种连锁反应将会无限制地扩展和持续下去,但其波及效应会逐渐减弱,最终将趋于消失。产业间的关联效应分析立足于投入产出表的数据,当表中某一系数发生改变可能会对其他系数产生影响。

产业关联关系产生的波及效应可以通过影响力系数和感应度系数两种方法测度。影响力系数是指,当某部门增加生产一单位最终产品时,对国民经济其他部门生产需求的波及程度,它是测度产业后向联系广度和深度的指标。影响力系数 F_j 的计算公式为:

$$F_j = \frac{\sum_{i=1}^{n} \overline{b_{ij}}}{\frac{1}{n}\sum_{i=1}^{n}\sum_{j=1}^{n} \overline{b_{ij}}} \qquad j=(1,2,\ldots,n)$$

式中的 $\sum_{i=1}^{n} \overline{b_{ij}}$ 为列昂惕夫逆矩阵的第 j 列的和;$\frac{1}{n}\sum_{i=1}^{n}\sum_{j=1}^{n} \overline{b_{ij}}$ 是列昂惕夫逆矩阵列和均值。如果影响力系数大于1,说明该部门对其他部门所产生的影响程度超过社会影响力均值,即该部门对国民经济其他部门生产需求的影响作用很大。

感应度系数是指国民经济各部门每增加一单位最终产品,对某部门产

---

[1] (美)赫希曼. 经济发展战略 [M]. 曹征海,潘照东,译. 北京:经济科学出版社,1991.

品的需求感应程度,即需要该部门为其他部门生产并提供产品的量的多少。它量化了某产业部门与其他产业部门间的关联程度。感应度系数 E_i 的计算公式为:

$$E_i = \frac{\sum_{j=1}^{n} \overline{b_{ij}}}{\frac{1}{n}\sum_{i=1}^{n}\sum_{j=1}^{n} \overline{b_{ij}}} \qquad i = (1,2,\ldots,n)$$

式中,$\sum_{j=1}^{n} \overline{b_{ij}}$ 为列昂惕夫逆阵第 j 列的和;$\frac{1}{n}\sum_{i=1}^{n}\sum_{j=1}^{n} \overline{b_{ij}}$ 为列昂惕夫逆阵行和均值。如果感应度系数大于1,说明该部门的感应程度高于社会感应程度均值,对国民经济其他部门提供生产的作用较为明显,前向关联较强。

生产性服务业具有较强的产业关联性,一方面会对其他产业产生较强的波及效应,另一方面也会受到其他产业较强的影响和波及。因此在就业方面,生产性服务业每增加一个单位的最终使用,会引起其他产业部门的就业增长;而每增加其他行业一个单位的最终使用,也会使生产性服务业的就业产生较大增长。

综合以上三种理论的分析,笔者构建了比较优势、外包和产业关联对生产性服务业发展与就业增长的解释模型(见图4-7)。

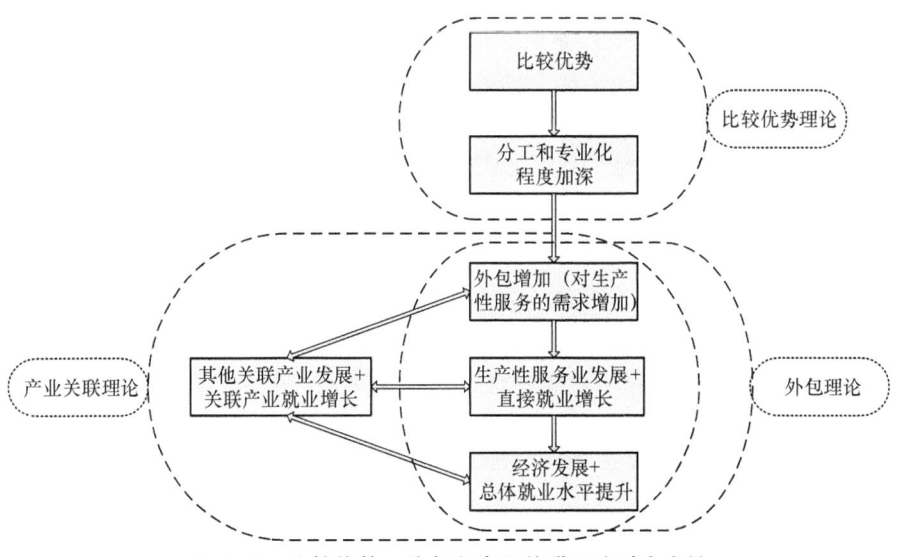

图4-7 比较优势、外包和产业关联理论对生产性服务业发展与就业增长的解释模型

4.2 生产性服务业与其他产业互动发展

4.2.1 生产性服务业与制造业互动发展实现就业增长

4.2.1.1 生产性服务业在制造业领域作用的演变

生产性服务业是制造业社会分工深化的产物，制造业也是它的主导消费者，一方面，它依赖于制造业的中间需求而存在，另一方面也促进了制造业的产业结构优化升级。生产性服务业在制造业领域的作用是不断演变的，从最初的辅助管理功能，到管理支持功能，到20世纪90年代以来的战略导向功能（见表4-1）。

表4-1 生产性服务业在制造业领域作用的演变

阶段	功能	作用
第一阶段 （20世纪50—70年代）	辅助管理功能—— "润滑剂作用"	财务管理、存货管理、证券交易
第二阶段 （20世纪70—90年代）	管理支持功能—— "生产力作用"	物流服务、管理咨询、金融服务
第三阶段 （20世纪90年代至今）	战略导向功能—— "推进器作用"	信息技术、创新和设计、供应链管理

4.2.1.2 生产性服务业与制造业的互动发展内容

生产性服务业与制造业有着非常丰富的互动发展内容（见图4-8）。从价值链的角度看，产品研发、采购管理、产品营销和物流配送都属于生产性服务活动范畴。一般的，制造企业会把价值链在企业内部的环节逐一分解，分析每个活动的成本费用情况以及活动的重要性，把增值和非增值活动区分开来，从而做出外包或由内部提供的决策。对于各种辅助性的生产性服务活动，如财务、法律、咨询等支持制造企业的专业服务，以及采购、物流、设备维修维护管理等支持生产经营的服务，可在企业进行自身战略分析的基础上，将其界定为核心或非核心的业务环节，进而决定是外包还是内部提供。

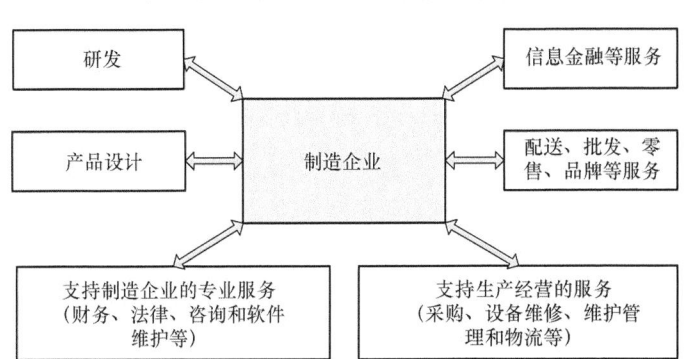

图 4-8 制造业与服务业互动外包的内容

资料来源：魏江，周丹. 生产性服务业与制造业融合互动发展——以浙江省为例 [M]. 北京：科学出版社，2011.

4.2.1.3 生产性服务业与制造业的互动需求特征分析

（1）制造业对生产性服务业的需求。制造业对知识密集型生产性服务业需求显著。生产性服务业的发展阶段可以划分为萌芽、成长和成熟阶段。在萌芽阶段，对生产性服务的需求主要来自于知识密集和创新型的制造企业，其他类型的制造企业对生产性服务的需求是随着生产性服务业的发展和成熟而逐渐增加的①。高传胜研究了二者在中国所表现出来的互动特征，发现金融、信息等知识密集型的生产性服务业对中国制造业升级作用显著，相比之下，商贸、交通等下游生产性服务业作用较小②。知识、技术密集型制造业对知识、技术密集型生产性服务的需求显著。格里瑞理（Guerrieri）等研究了广泛使用金融、通信、商务知识密集型生产性服务业（FCB）服务的制造企业，发现大多数使用者都是知识和技术密集型制造业，劳动密集型和规模密集型的制造企业对其使用较少③。麦克弗森（Macpherson）对纽约国有科学仪器制造企业进行了 12 年的追踪研究，发

---

① 吕政，刘勇，王钦. 中国生产性服务业发展的战略选择——基于产业互动的研究视角 [J]. 中国工业经济，2006（8）：5-12.

② 高传胜. 中国生产者服务对制造业升级的支撑作用——基于中国投入产出数据的实证研究 [J]. 山西财经大学学报，2008（1）：44-50.

③ Guerrieri P, Meliciani V. Technology and International Competitiveness: The Interdependence Between Manufacturing and Producer Services [J]. Structural Change and Economics Dynamics, 2005, 16 (4): 489-502.

现科技型制造企业对技术型的生产性服务需求越来越显著①。

（2）生产性服务业对制造业的需求。李冠霖的研究表明，随着经济发展水平的提高和制造业社会化和专业化程度的加深，制造业对生产性服务业的需求将会越来越大，而生产性服务业对制造业的需求会日趋减少②。从现有研究看，关于生产性服务业对制造业需求的相关理论有限。一般而言，经济比较落后的国家生产性服务业的发展以制造业为主导，并依附于制造业，二者的互动主要表现为生产性服务业对制造业的需求。相反，经济发达的国家和地区生产性服务业对制造业的需求不显著，导致对其的研究较少。

4.2.1.4　生产性服务业与制造业互动发展和就业增长

生产性服务业的一个重要职能是通过高度细分的专业化分工推动产业融合，而加速产业融合则来自技术创新，产业融合也将促进产业结构向更高层次发展。随着制造业专业化分工程度的深入和产业的不断优化升级，产业链上衍生出越来越多的对新兴生产性服务的需求，越来越多的新岗位也被创造出来，由此便实现了产值和就业的双增长。可见，生产性服务业与制造业的关系是相互依赖、相互加强、最终实现一体化融合。生产性服务业与制造业互动发展实现就业增长的模式主要包括：互动交互模式和互动融合模式（见图4-9）。

（1）互动交互发展模式。互动交互发展模式主要是通过市场的交易机制来实现制造企业的服务外包，具体可以分为服务活动外包和服务部门独立两种类型的互动。服务活动外包是这种互动模式的主要表现形式。在市场交易机制的支持下，制造企业把与生产经营活动关联不大和非战略性的服务活动外包给社会化的生产性服务企业，从而获得最佳成本收益比；而生产性服务企业为满足制造业日益增长的中间需求，愈发注重服务功能多样化、服务企业多种化，服务提供更加规模化和专业化。服务部门独立，主要是指大型制造企业内部的服务部门由于服务能力较强，在满足本企业需求的同时服务能力仍有富余，于是这些服务部门便从制造企业中独立出来，成为专业的服务公司，同时为企业内部和外部客户提供生产性服务。例如，中国的海尔集团独立出模具设计公司和物流公司等。这些独立出来

---

① Macpherson A. Producer Service Linkages and Industrial Innovation: Results of a Twelve - year Tracking Study of New York State Manufacturers [J]. Growth & Change, 2008, 39 (1): 1 - 23.

② 李冠霖. 第三产业投入产出分析：从投入产出的角度看第三产业的产业关联与产业波及特性 [M]. 北京：中国物价出版社，2002: 87 - 89.

的服务部门一方面加剧了现有服务企业的竞争,促进了生产性服务业的发展;另一方面与现有服务企业合作或联合,为制造企业提供更加高效的服务,促进制造企业的发展。同时实现两产业双向互动、彼此促进。

(2) 互动融合发展模式。生产性服务业与制造业的互动融合模式是一种深层次的互动,它使得生产性服务企业与制造企业呈现出明显和深度的融合效果,具体表现为模糊化的产品特性和组织特征、模糊化的产业边界等,即实现了制造服务化和服务工业化。

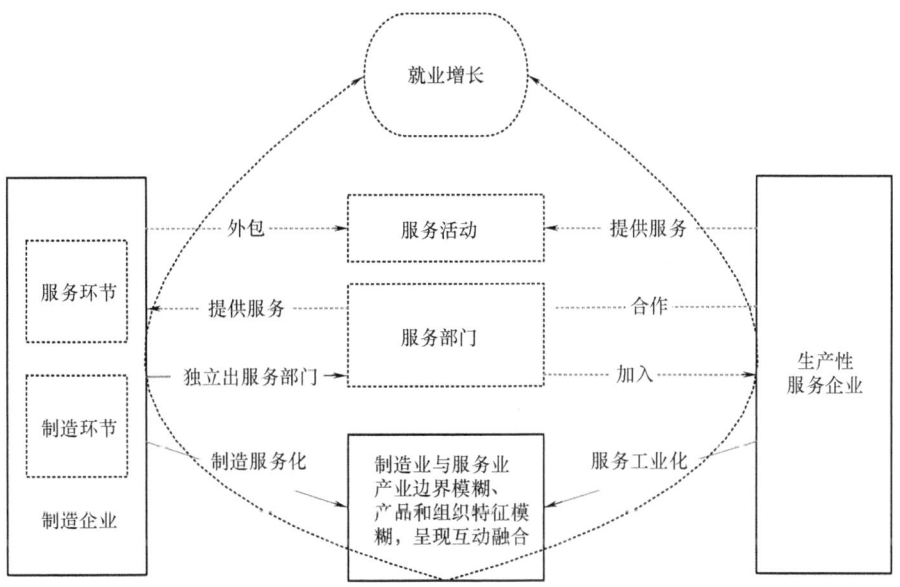

图 4-9　生产性服务业与制造业互动交互、互动融合的发展模式

服务企业通过工业化的模式提高生产效率和经营规模,日益发展成为国民经济部门的主导力量,一些规模逐渐增大的主动性生产性服务企业大量出现。由于占据产业链的高端位置,它不仅能够为制造企业提供生产性服务,也能够为其他生产性服务企业提供服务,同时能够向产业链后方延伸,在制造业的产业链上形成一体化的生产性服务功能企业,发挥生产性服务业特有的功能优势,为制造业提供一体化服务。与此同时,大型制造业随着服务化的日益深化,逐步转变为提供一定生产性服务的供应商,而不再是纯粹的制造企业,产业界限再次模糊,呈现出彼此融合的状态。

总体而言,生产性服务业和制造业的互动融合模式不是严格依照发展阶段进行划分，存在模式共处的状态。大量的基于市场交易的互动形式，如独立的服务部门和服务外包等，在融合模式下依然会大量存在，只是不同的互动形式有不同的适用条件。例如，将某些服务部门独立出来而形成生产性服务企业主要适用于规模大的制造企业，而众多的中小制造企业是难以实现的。在融合的背景下，只有那些具有服务开发和提供服务能力的大型制造企业的服务部门，才有可能转型为生产性服务的提供商，加入到生产性服务业的行列中来。

在生产性服务业与制造业互动与融合的发展过程中，分工将朝着高度细化的方向发展，产业结构将日益优化，资源配置效率将日益提高，就业增长将在结构优化和资源配置效率提高的基础上得以实现。生产性服务业内部结构优化升级，将影响其就业水平和就业质量，更决定了劳动力的资源配置效率。

4.2.2 生产性服务业与服务业互动发展实现就业增长

首先，生产性服务业也是其本身的主要使用者。朱莉芙（Juleff）对英国的两大城市利兹和谢菲尔德的供应商开展了实证调查，对调查结果的分析表明，制造业不是高级生产性服务业最主要或者唯一的需求方，他发现，生产性服务业的自我需求更为显著[1]。

其次，服务业整体是生产性服务业的主要使用者。皮拉（Pilat）研究发现，相对于制造业而言，服务业对其他产业的依赖程度就更低了，而真正满足服务业所需要的投入基本上都来自于服务业本身[2]。中国学者钟韵等在以广州市为例研究区域中心城市生产性服务业的外向功能特征时发现，广州市生产性服务业的客户来源涉及三大产业，其中，最高比例是来自于服务业的客户，生产性服务向制造业提供服务的比例低于其向服务业提供服务的比例[3]。程大中在一项国际比较研究中发现，大多数经济合作与发展组织（OECD）国家将近70%的生产性服务都投入到了服务业，排在之后的是第二产业和第一产业。与此形成对比的是，中国超过50%的生产性服务投入到了第二产业，排在其后的是服务业自身和第一产业。他发

---

[1] Juleff L E. Advanced Producer Services: Just a Service to Manufacturing? [J]. Service Industries Journal, 1996, 16 (3): 389 – 400.

[2] Pilat D, Wolfl A. Measuring the Interaction between Manufacturing and Services [Z]. OECD Science, Technology and Industry Working papers, 2005: 10 – 30.

[3] 钟韵, 闫小培. 区域中心城市生产性服务业的外向功能特征研究——以广州市为例 [J]. 地理科学, 2005 (5): 537 – 543.

现虽然中国三次产业的生产性服务投入率均比经济合作与发展组织大部分经济体的平均水平要低,但"服务业的生产性服务投入率最高"是中国与经济合作与发展组织经济体的一个共性。他提出,服务业实际上受其他部门的需求拉动作用并不大,服务业的增长主要是依靠其自身的自我增强效应来实现的①。

以上研究表明,生产性服务业自我需求的满足,以及满足服务业自身对生产性服务活动的需求是促进生产性服务业发展及就业增长的重要力量。

4.2.3 农业生产性服务需求增加促进就业增长

目前,农业对生产性服务的需求偏好表现为技术服务、销售服务以及农资购买服务②。事实上,中国农业领域对生产性服务的有效需求是不足的,制约农业生产性服务需求意愿的因素有很多,其中,主要的两个因素是服务信息来源(渠道不畅、信息不对称等)和农户自身特征(专业化程度低、小而全、小而散和自我服务等)。

农业的生产经营主体是农户,农户对生产性服务的需求体现在产前、产中和产后三个环节。一直以来,产中服务比较受重视,如在生产过程中需要生产技术指导、农业管理技术推广与应用等服务。但产前、产后服务较为滞后,现实需求和有效供给都存在不足。从产前环节看,产前服务主要是技术推广和应用,由于专业人才稀少、技术服务创新缺失,造成产前阶段更多的仅是普及性的技术推广服务,对新产品和新技术的研发和推广服务非常薄弱。与此相比,产后生产性服务也比较薄弱,有待加强,较为关键的服务是提供农产品的销售信息和加工信息。目前,这方面服务的缺失常使农产品销售渠道不畅,形成大量积压或低价抛售,成为近年来农产品增产不增收的重要原因之一。与此同时,农村金融服务和农业保险服务明显落后,贷款难的问题长期存在;保险支撑缺乏,使得农民在面临自然和市场风险时无能为力。

以上分析可见,农业对生产性服务的潜在需求是巨大的,通过相关体制机制的完善,加强必要的引导,加大对农户购买生产性服务的相关扶持

---

① 程大中. 中国生产性服务业的水平、结构及影响——基于投入产出法的国际比较研究 [J]. 经济研究, 2008 (1): 76 – 88.
② 庄丽娟, 贺梅英, 张杰. 农业生产性服务需求意愿及影响因素分析——以广东省450户荔枝生产者的调查为例 [J]. 中国农村经济, 2011 (3): 70 – 78.

等措施，有利于将农户对生产性服务的潜在需求转化为现实需求，一方面能够实现农业和生产性服务业的产值增长，另一方面能够增加就业机会，带动就业增长。

4.3 生产性服务业带动就业增长的机理

生产性服务业对就业的影响，一方面表现为自身发展直接带来的就业增长；另一方面表现为生产性服务业与其他产业，主要是制造业的互动融合发展而实现了经济增长和对劳动力总需求的增加。生产性服务业的就业效应可分为直接就业效应和间接就业效应。直接就业效应也可称之为显性的就业效应，是指由于生产性服务业自身的发展所直接带来的就业增长效应，可以用生产性服务业就业人数的绝对量、相对量和就业弹性来衡量。就业弹性值越大，说明该行业的发展对就业的促进作用越强。另外，任何一个行业部门的扩张都会关联性地带动整个经济系统产出规模的扩大，可用产出乘数来表示。产出乘数越大，该部门带动经济增长的能力就越强。因此，生产性服务业的间接就业效应，也可称作是隐性的就业效应，是由生产性服务业自身发展而引发的整个国民经济系统产出规模的扩张，从而带动国民经济系统就业增长的效应。

从作用机理上讲，生产性服务业主要是通过其独特的中间性服务功能，影响国民经济力量的内在传导机制，最终诱发并促进国民经济发展和总体就业增长（见图4-10）。传统生产性服务部门的扩张和新型生产性服务部门的出现，一方面，通过投资所形成的初级乘数效应，刺激服务业产业群在国民经济中的迅速发展，此后经由产业的前向关联效应与后向关联效应，使生产性服务业的利益惠及更多的产业部门；另一方面，新派生出来的各种需求又会进一步拉动物流、商贸、金融、房地产、交通运输、餐饮娱乐、信息和商业服务等服务业的发展。与生产性服务业相关的产业还会刺激和带动众多非相关产业的发展，产生二级乘数效应。上述过程循环往复，构成了在生产性服务活动刺激下的、开放的国民经济持续增长和就业增长的机制。

生产性服务业带动就业增长的主要路径是：生产性服务业发展⇒经济增长⇒就业增长，并由此进入一个良性循环。生产性服务业可以通过许多方式直接或间接影响经济发展，如提高专业化分工水平、拉伸产业链、提升企业竞争力、改善地区投资环境和增强地区经济系统竞争力等。

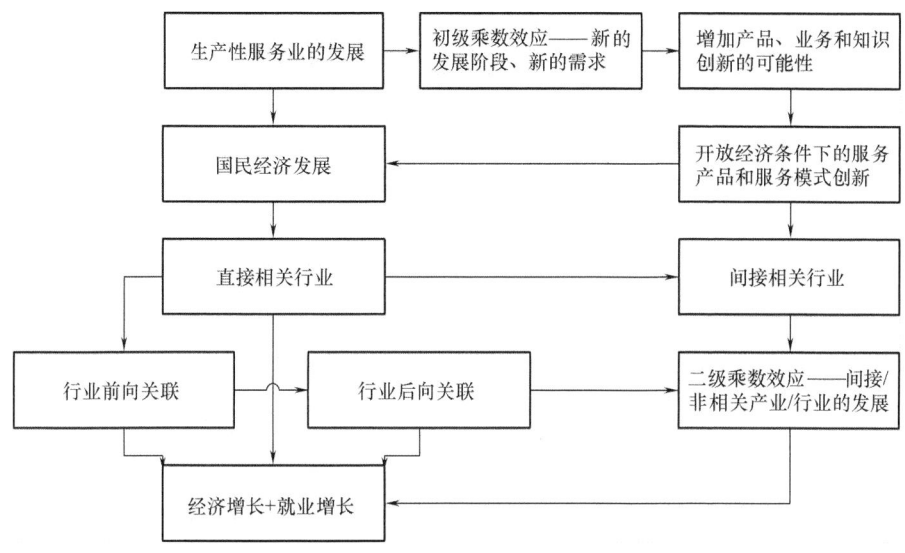

图 4-10　生产性服务业影响就业增长的机理

资料来源：作者分析绘制。

生产性服务业的发展与经济发展和就业增长是紧密联系在一起的，这种联系主要表现在四个方面。

第一，生产性服务业将提升国家和地区增加值比重和就业比重，大力促进国家和区域经济结构的转型升级与内涵更新。

第二，生产性服务业在与其他产业，主要是制造业的互动中实现发展，在满足需求与供给服务的交互过程中，生产性服务企业在产业链的各个环节实现了对专业化知识、信息和技能的交流与服务提供，并在互动中不断衍生出新的服务需求，在实现自我发展和自我就业增加的同时，协同性地促进了前向和后向关联产业的发展和就业增长。

第三，生产性服务业迅速发展将增加对高素质和具有创新能力的人才的需求，有利于促进教育和科研的发展，从而促进国家和区域专业知识和生产技能的储备与更新，造就一大批具有高水平专业技能的人才，实现经济与就业结构的优化和双向增长。

第四，生产性服务业的繁荣发展将催生一大批新兴的产业部门，可吸纳部分从原有制造业服务部门中剥离出来的就业岗位，从而扩大全社会的总体就业量。生产性服务业所具有的信息收集、加工、处理和分配能力，以及对生产过程的控制、协调和支配能力，是促进生产方式由工业化模式向服务化模式转变的重要推动机制和载体，也是新条件下产业分离与融合并行趋势不断深化的有力支撑。因此，发展生产性服务业是赢得并保持地区竞争力的一个重要推动因素，对经济实现创新型发展、就业结构升级优化，以及就业水平的全面提升具有决定性的作用。

4.4 本章小结

本章从经济理论和作用机理两个角度，分析了生产性服务业的发展对就业的影响机制。

首先，从经济理论角度的分析。本章从累积循环过程理论、分工及迂回生产学说、价值链理论、产业微笑曲线理论的角度，探讨了生产性服务业如何通过直接和间接途径促进一国经济增长，进而直接和间接促进一国就业增长的。此外，将比较优势理论、外包理论和产业关联理论结合起来，集中解释了生产性服务业的发展如何带动就业水平的整体提升。生产性服务业与其他产业，主要是制造业有着很强的产业关联，呈现出与制造业日益加强的互动融合式发展。互动过程中，生产性服务业和关联产业不仅实现了产值增长，而且良性循环的发展过程促进了就业水平的全面提升。

其次，从作用机理的角度展开分析。生产性服务业带动就业增长的主要路径是：生产性服务业的发展⟹经济增长⟹就业增长。生产性服务业主要是通过其独特的服务功能，影响国民经济力量的内在传导机制（初级乘数效应和二级乘数效应），最终诱发和促进国民经济增长和就业增长。以上路径过程的循环往复构成了生产性服务业刺激下的经济增长和就业增长的机制。

5 中国生产性服务业对就业的影响效应测定

本章将测定和分析中国生产性服务业对就业的影响效应：通过就业贡献度测定生产性服务业及其内部分行业对扩大就业、缓解就业压力的作用；通过就业弹性测定直接就业效应；通过使用总产出乘数、劳动力投入系数和综合就业系数，计算得到间接就业系数和间接就业比重来测定间接就业效应；通过成本利税率、结构偏离度、结构偏离度与国际标准模式对比，测定生产性服务业的就业潜力。综合实证结果，本章展开对生产性服务业就业效应的全面分析。

5.1 就业贡献度

本部分采用投入产出分析法构建的就业贡献度测算模型，对中国生产性服务业吸纳就业的能力进行测试，量化一个行业的发展对本行业直接产生的就业需求和带动其他行业发展间接产生的就业需求，进而进行比较和鉴别。

中国的投入产出调查较为系统地提供了关于各行业的投入产出表，它能够反映一定历史时期国民经济体中各个行业部门产品的生产与分配、投入与产出的技术经济关系。由于投入产出系数是技术性的参数，较少受社会其他因素的影响，因此具有可观的准确性。但作为一种定量研究方法，投入产出分析也有其局限和误差，因此，本部分的分析结果不作为统计数据传播，而仅为有关部门在决策时提供相关参考。

5.1.1 就业贡献度测算模型

就业贡献度测算模型可用于计算国民经济各产业部门每投入一万元所产生的就业贡献，通过就业贡献度的分析与比较，研究各产业部门差异化的就业需求能力[①]。就业贡献度从目标产业行业的劳动者报酬角度出发，研究目标产业行业对劳动的消耗以及对社会就业的贡献水平。

---

① 印凡成，王玉良，黄健元. 基于投入产出就业贡献模型的就业拉动效应探究 [J]. 统计与决策，2010（4）：108–110.

5.1.1.1 直接就业贡献

直接就业贡献的大小可用于表示目标产业行业直接为国民经济创造的就业机会大小,计算方法为该产业行业劳动者获得的总报酬占总投入的比例。

根据投入产出表:设 DL_i 为第 i 部门的直接就业贡献;W_i 为第 i 部门劳动者获得的总报酬;X_i 为第 i 部门的总投入。

则第 i 部门的直接就业贡献 DL_i 可表示为:

$$DL_i = W_i/X_i \quad (i = 1, 2, \cdots, n) \tag{1}$$

5.1.1.2 间接就业贡献与综合就业贡献

间接就业贡献是指对第 i 部门的投入能够间接带动 i 部门以外的其他部门发展,并为其他部门带来就业机会。国民经济各产业行业是相互协同和关联发展的,任一部门的发展都会影响到其他部门,每个部门对其他部门都起着连接性的作用。这种作用对于就业则主要体现为间接就业贡献。直接就业贡献与间接就业贡献之和即为综合就业贡献。

根据投入产出表:设第 i 部门的间接就业贡献为 IL_i,综合就业贡献为 GL_i。则第 i 部门的综合就业贡献 GL_i 可表示为:

$$GL_i = DL_i + IL_i \tag{2}$$

$$GL_i = DL_i + \sum_{j=1}^{n}(GL_j - h_{ij}) \quad (i,j = 1,2,\ldots,n) \tag{3}$$

公式(3)中:h_{ij} 代表 i 部门的产出被 j 部门作为中间产品的数值占 i 部门总产出的比率,它是 i 部门的中间产品分配系数向量中的第 j 个元素。

$$h_{ij} = X_{ij}/X_i \quad (i,j = 1,2,\ldots,n) \tag{4}$$

$$H = \begin{pmatrix} h_{11} & \cdots & h_{1n} \\ \vdots & \ddots & \vdots \\ h_{n1} & \cdots & h_{nn} \end{pmatrix}$$

公式(3)中:$GL_j - h_{ij}$ 反映了第 i 部门产出增加对第 j 部门产出的间接就业贡献:i 部门产出每增加一个单位,将导致对 j 部门中间产品消耗的增长,最终导致 j 部门就业量增加。矩阵式表示为:

$$GL = DL + H \cdot GL \tag{5}$$

矩阵式(5)中:

$$DL = (DL_1, DL_2, \cdots, DL_n)^T \tag{6}$$

$$GL = (GL_1, GL_2, \cdots, GL_n)^T \tag{7}$$

将(6)(7)两式代入矩阵式,整理可得:$(I - H)GL = DL$,即

$$GL = (I - H)^{-1}DL \tag{8}$$

运用该投入产出就业贡献度测算模型可测定并分析生产性服务业的直接、间接和综合就业贡献。

5.1.2 数据来源及就业贡献度的计算与分析

本部分使用的投入产出数据主要来源于"中国投入产出表（2007）"（截至成文时为最新可得的投入产出表）135×135 部门基本流量表。为更好地比较和分析，本部分将投入产出表的 135 个部门数据进行了汇总和归类，分别计算和列示 3 个总体大类的直接就业贡献度、间接就业贡献度和综合就业贡献度，这 3 个总体大类分别是第三产业（服务业）整体、第三产业内部的生产性服务业整体和非生产性服务业整体。同时，对生产性服务业和非生产性服务业内部各分行业也逐一计算贡献度指标，以形成明显对比，进而展开深入分析。

根据 2007 年中国 135×135 部门投入产出的基本流量数据，运用就业贡献度模型计算得到中国第三产业和第三产业内部分行业就业贡献度指标，这些产业部门的直接就业贡献、间接就业贡献和完全就业贡献情况如表 5-1 所示。

表 5-1 中国第三产业及内部分行业就业贡献度

第三产业及内部分行业			直接就业贡献度	间接就业贡献度	综合就业贡献度
第三产业			0.225	0.209	0.433
第三产业内部分行业	生产性服务业	生产性服务业整体	0.178	0.284	0.462
		F 交通运输、仓储和邮政业	0.141	0.165	0.306[10th]
		G 信息传输、计算机服务和软件业	0.158	0.115	0.273[12th]
		H 批发和零售业	0.145	0.832[1th]	0.978[1th]
		J 金融业	0.181	0.511[2nd]	0.692[2nd]
		L 租赁和商务服务业	0.096	0.265	0.361[7th]
		M 科学研究、技术服务和地质勘查业	0.252	0.073	0.325[9th]
		N 水利、环境和公共设施管理业	0.269	0.030	0.299[11th]
	非生产性服务业	非生产性服务业整体	0.272	0.133	0.405
		I 住宿和餐饮业	0.135	0.336[3th]	0.471[5th]
		K 房地产业	0.091	0.247	0.338[8th]
		O 居民服务和其他服务业	0.129	0.170	0.299[11th]
		P 教育	0.439[2th]	0.093	0.532[3rd]
		Q 卫生、社会保障和社会福利业	0.412[3th]	0.034	0.446[6th]
		R 文化、体育和娱乐业	0.221	0.041	0.262[13th]
		S 公共管理和社会组织	0.476[1th]	0.009	0.486[4th]

数据来源：作者根据《中国投入产出表（2007）》中相关数据计算得到。

由表5-1可见，就生产性服务业整体而言，生产性服务业的综合就业贡献水平为46.2%，明显高于第三产业的整体水平（43.3%）和第三产业内部非生产性服务业（40.5%），表明生产性服务业每万元投入付给劳动者的报酬可达4 620元，即报酬占投入比为46.2%，该产业部门为国民经济创造的综合就业贡献显著。然而，生产性服务业的直接就业贡献并不突出，仅为17.8%，小于非生产性服务业的27.2%和第三产业平均水平的22.5%；与此形成鲜明对比的是生产性服务业在间接就业贡献方面表现出强大的关联效应和波及效应，贡献度达到28.4%，显著高于非生产性服务业13.3%和第三产业整体20.9%的水平，这充分表明生产性服务业与国民经济各产业部门的紧密联系性，对其他部门的发展起着重要的纽带作用，生产性服务业每万元投入间接带动其他产业部门发展，从而为其他部门带来的就业贡献值达到2 840元，间接为国民经济创造了更多的就业价值和就业机会。

就生产性服务业内部分行业而言（见表5-2和图5-1），生产性服务业内部多数分行业直接就业贡献低于25%，即每万元行业投入带来的就业贡献值不足2 500元。其中，直接就业贡献度高的是N水利、环境和公共设施管理业（26.9%）和M科学研究、技术服务和地质勘查业（25.2%）（即每万元投入创造的工资价值分别为2 690元和2 520元）；低的是F交通运输、仓储和邮政业（14.1%）和L租赁和商务服务业（9.6%）（即每万元投入创造的工资价值分别为1 410元和960元）。可形成鲜明对比的是直接就业贡献度较低的H批发和零售业（14.5%）、J金融业（18.1%）和L租赁和商务服务业（9.6%）的间接就业贡献度排在了全部生产性服务业的前三位，分别高达83.2%，51.1%，26.5%，表明这三个行业在国民经济各部门中协同效应和关联效应（前向关联效应和后向关联效应）最为显著。汇总直接就业贡献度和间接就业贡献度指标，得到综合就业贡献度，指标值高的分行业H批发和零售业与J金融业，每万元投入的综合就业贡献高达9 780元和6 920元，远高于所有非生产性服务业各分行业和第三产业的整体水平；低的分行业N水利、环境和公共设施管理业与G信息传输、计算机服务和软件业，每万元投资亦可形成2 990元和2 730元的就业贡献。

表5-2　2007年中国生产性服务业内部分行业就业贡献

生产性服务业内部分行业	直接就业贡献度	排序	间接就业贡献度	排序	综合就业贡献度	排序
F 交通运输、仓储和邮政业	0.141	6	0.165	4	0.306	5
G 信息传输、计算机服务和软件业	0.158	4	0.115	5	0.273	7
H 批发和零售业	0.145	5	0.832	1	0.978	1
J 金融业	0.181	3	0.511	2	0.692	2
L 租赁和商务服务业	0.096	7	0.265	3	0.361	3
M 科学研究、技术服务和地质勘查业	0.252	2	0.073	6	0.325	4
N 水利、环境和公共设施管理业	0.269	1	0.030	7	0.299	6
生产性服务业整体	0.178		0.280		0.460	

数据来源：作者根据《中国投入产出表（2007）》中相关数据计算得到。

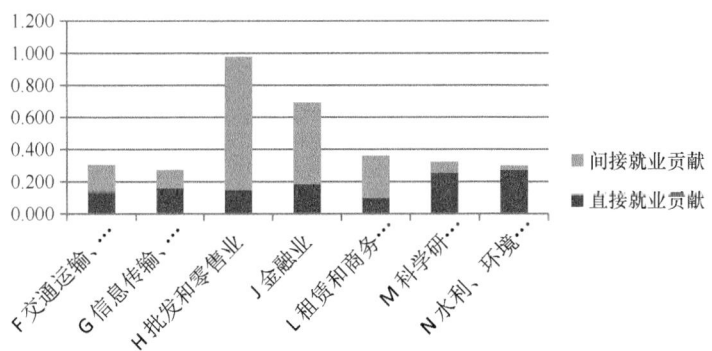

图5-1　2007年中国生产性服务业内部各分行业就业贡献对比

总体而言，生产性服务业的直接就业贡献并不明显，弱于非生产性服务业，而其对就业的拉动作用在间接就业贡献中表现更为突出。其间接就业贡献远高于非生产性服务业和第三产业整体，导致其综合就业贡献，亦遥遥领先，充分彰显了生产性服务业与国民经济其他产业行业发展的协同效应、关联效应和波及效应，即生产性服务业的发展能够十分显著地间接带动国民经济其他部门的发展而为其带来更多的就业机会。

在生产性服务业内部，各分行业的间接就业贡献度和综合就业贡献度存在着较大的差异性，其中，表现突出的是H批发和零售业与J金融业，其就业的间接投入贡献比达到了 83.2% 和 51.1%，导致其综合投入贡献比高达 97.8% 和 69.2%，远高于生产性服务业总体和第三产业总体，显示出极为强劲的间接和综合的就业拉动能力。综合就业贡献排在后两位的分别是 N 水利、环境和公共设施管理业（29.9%），以及 G 信息传输、计算机服务和软件业（27.3%），远低于第三产业的整体水平和多数非生产性服务业。

5.2 直接就业效应

一般而言，我们采用就业弹性的方法衡量各行业的直接就业效应。就业弹性，是指在某一时期内某产业行业的就业人员增长率与该产业行业经济增长率之间的比值。就业弹性的经济意义为：数值越大，经济增长促进就业增长的作用就越大；若就业弹性数值较小，意味着经济增长对就业的拉动作用较弱。因此，大力发展就业弹性值高的部门有利于解决中国的就业问题。

5.2.1 模型的设定和数据来源

本部分采用经济增长与就业人数的非线性模型公式（1）计算就业弹性[①]：

$$L_i = \delta_0 G_i^{\delta_i} e^\mu \tag{1}$$

双对数线性模型[②]的特点是斜率系数测度了因变量对自变量的弹性，因此本书假定各产业行业就业量与产值变化的趋势如公式（2）所示：

$$\ln L_i = \ln \delta_0 + \delta_i \ln G_i + u \tag{2}$$

公式（2）中，L_i 表示各产业行业的就业量；G_i 表示各产业行业的实际产值（此处对数据进行处理：用各产业行业的产值除以其生产总值指数以消除物价对产值的影响）；δ_0 为常数项；u 为随机误差项；δ_i 为就业弹性，即产值每增长 1% 所能带动就业增长的百分比。

本部分运用时间序列数据，首先，选择 1978—2011 年的数据估计三次产业的就业弹性（以 1978 年为基期消除国内生产总值中物价上涨的因素）；其次，由于统计口径差异和数据的可得性问题，对生产性服务业和非生产性服务业，及其分行业就业弹性进行估计的数据年份为 2004—2010 年（以 2004 年为基期消除国内生产总值中物价上涨的因素）。数据来源于中国国家统计局网站公布的历年统计数据。

---

① 赵建国. 经济增长促进就业的实证分析 [J]. 财经问题研究，2003（5）：93 – 96.
② 阮婷婷，张岸嫔. 生产性服务业就业效应分析 [J]. 中国市场，2012（13）：13 – 14.

5.2.2 直接就业效应的计算与分析

首先,以第三产业为例计算直接就业效应(就业弹性)。根据1978—2011年第三产业(服务业)的就业人数和国内生产总值,通过计量经济学观察软件(Eviews 7),采用最小二乘法对上式展开估计。结果如下:

$$LNL_3 = 3.807 + 0.734 \times LNG_3$$

计算结果参见表5-3。

表5-3 采用最小二乘法的估计

样本年份:1978—2011
样本数量:34

变量	系数	标准误差	T统计量	概率
常数项	3.807	0.166	22.875	0.000
LNG_3	0.734	0.021	34.479	0.000
可决系数	0.973	因变量均值	9.522	
调整后的可决系数	0.972	因变量标准差	0.545	
回归标准差	0.089	赤池信息准则	-1.926	
残差平方和	0.257	施瓦茨准则	-1.837	
对数似然比	34.758	汉南—奎因准则	-1.896	
F统计量	1 188.807	杜宾—沃森统计量	0.303	
概率(F统计量)	0.000			

观察以上输出数据,发现杜宾—沃森统计量的值是0.303,在0.05的显著性水平下明显小于临界值2,表明残差项随时间变化存在较严重的一阶正相关。因此,采用科克伦—奥克特迭代法,引入AR(1)对其进行修正,得到:

$$LNL_3 = 8.632 + 0.211 \times LNG_3 + [AR(1) = 0.949]$$

修正结果参见表5-4。

表5-4 采用科克伦—奥克特迭代法的修正

样本年份(调整后):1979—2011
包含的观察值:调整后的33个
7次迭代后收敛

变量	系数	标准误差	t统计量	概率
C	8.632	1.076	8.019	0.000
LNG_3	0.211	0.098	2.148	0.039
AR(1)	0.949	0.017	54.125	0.000

续表

变量	系数	标准误差	t统计量	概率
可决系数	0.996	因变量均值	9.554	
调整后的可决系数	0.996	因变量标准差	0.522	
回归标准差	0.030	赤池信息准则	-4.082	
残差平方和	0.027	施瓦茨准则	-3.946	
对数似然比	70.359	汉南—奎因准则	-4.036	
F统计量	4 810.515	杜宾—沃森统计量	2.603	
概率（F统计量）	0.000			

以上回归结果通过 t 检验和 F 检验；杜宾—沃森统计量的值为 2.603，消除了自相关；调整后可决系数是 0.996，模型拟合较好，即 1978—2011 年第三产业（服务业）整体就业弹性为 0.21，即第三产业产值每增加 1%，就业人数相应增加 21%。

同法对第一产业、第二产业、第三产业以及第三产业内部各分行业进行回归分析，结果如表 5-5 和 5-6 所示。

表 5-5 就业弹性的计量结果

产业/行业		方程式	可决系数	调整后的可决系数	F统计量	杜宾—沃森统计量
第一产业		$LNL_1 = 12.106 - 0.192 \times LNG_1 +$ $[AR(1) = 0.910]$	0.893	0.886	126.004	1.330
第二产业		$LNL_2 = 8.618 + 0.176 \times LNG_2 +$ $[AR(1) = 0.945]$	0.989	0.989	1 458.983	1.857
第三产业（服务业）		$LNL_3 = 8.632 + 0.211 \times LNG_3 +$ $[AR(1) = 0.949]$	0.996	0.996	4 810.515	2.603
生产性服务业	F 交通运输、仓储和邮政业	$LNL_4 = 5.851 + 0.060 \times LNG_4$	0.848	0.810	22.321	2.635
	G 信息传输、计算机服务和软件业	$LNL_5 = -0.376 + 0.612 \times LNG_5 +$ $[AR(1) = 0.325]$	0.957	0.929	34.084	1.803

续表

产业/行业		方程式	可决系数	调整后的可决系数	F统计量	杜宾—沃森统计量
生产性服务业	H 批发和零售业	$LNL_6 = 4.556 + 0.162 \times LNG_6 + [AR(1) = 0.636]$	0.850	0.751	8.561	1.426
	J 金融业	$LNL_7 = 3.730 + 0.241 \times LNG_7 + [AR(1) = 0.453]$	0.948	0.914	27.881	1.382
	L 租赁和商务服务业	$LNL_8 = 1.980 + 0.420 \times LNG_8$	0.984	0.981	311.489	2.402
	M 科学研究、技术服务和地质勘查业	$LNL_9 = 2.732 + 0.339 \times LNG_9 + [AR(1) = 0.581]$	0.972	0.954	53.843	1.811
	N 水利、环境和公共设施管理业	$LNL_{10} = 3.505 + 0.250 \times LNG_{10}$	0.988	0.986	424.301	1.759
非生产性服务业	I 住宿和餐饮业	$LNL_{11} = 3.031 + 0.255 \times LNG_{11} + [AR(1) = 0.507]$	0.938	0.897	22.858	1.515
	K 房地产业	$LNL_{12} = 1.569 + 0.374 \times LNG_{12}$	0.984	0.981	321.701	1.472
	O 居民服务和其他服务业	$LNL_{13} = 3.050 + 0.119 \times LNG_{13}$	0.850	0.820	28.504	2.772
	P 教育	$LNL_{14} = 6.621 + 0.078 \times LNG_{14}$	0.983	0.980	299.491	2.192
	Q 卫生、社会保障和社会福利业	$LNL_{15} = 3.609 + 0.325 \times LNG_{15} + [AR(1) = 0.410]$	0.970	0.951	49.759	1.661
	R 文化、体育和娱乐业	$LNL_{16} = 4.253 + 0.078 \times LNG_{16}$	0.842	0.811	26.779	1.115
	S 公共管理和社会组织	$LNL_{17} = 5.654 + 0.163 \times LNG_{17}$	0.949	0.939	93.933	1.071

数据来源：《中国统计年鉴（2012）》，三次产业的数据年份为1978—2011年；由于统计口径与数据可得性问题，第三产业（服务业）内部各分行业的数据年份为2004—2010年。

表 5-6　三次产业和第三产业内部分行业就业弹性

	行业	就业弹性 E
	第一产业	-0.19
	第二产业	0.18
	第三产业（服务业）	0.21
	生产性服务业	0.30
	非生产性服务业	0.20
生产性服务业	F 交通运输、仓储和邮政业	0.06
	G 信息传输、计算机服务和软件业	0.61
	H 批发和零售业	0.16
	J 金融业	0.24
	L 租赁和商务服务业	0.42
	M 科学研究、技术服务和地质勘查业	0.34
	N 水利、环境和公共设施管理业	0.25
非生产性服务业	I 住宿和餐饮业	0.26
	K 房地产业	0.37
	O 居民服务和其他服务业	0.12
	P 教育	0.08
	Q 卫生、社会保障和社会福利业	0.33
	R 文化、体育和娱乐业	0.08
	S 公共管理和社会组织	0.16

就业弹性有正有负，弹性为正且数值较大说明经济增长对就业增长的促进作用明显，发展高弹性的产业部门有利于解决就业问题，即各国所探求的"高增长，高就业"的发展模式；弹性值小，则说明经济增长对就业的带动作用弱。若弹性值为负，其含义比较复杂，会产生"挤出"或"吸入"的"海绵效应"①，即经济增长对就业的影响可以分为两种情况：一种为"挤出效应"，即经济增加而就业减少的情况，就业弹性值越大挤出效应就越明显，反之挤出效应就越小；另一种为"吸入效应"，即经济产值减少而就业增加的情况，此时就业弹性越大，就业"吸入效应"就越

---

① 冯江茹. 山西产业结构变动对就业结构影响的实证研究 [J]. 科技和产业，2010 (10)：23-27.

大,反之,"吸入效应"就越小。严格地讲,吸入效应并非正常的经济现象,它有悖于经济发展的一般规律,例如,农村经济对劳动力的蓄水池作用。若经济增长率为零时,就业弹性就不存在了。

实证结果(表5-6)的比较与对比分析如下:

第一,对比三次产业的数据。服务业的就业弹性为0.21,表明经济每增长1个百分点,服务业就业将增长0.21个百分点,在三次产业中的就业弹性值最大,表明服务业对就业增长的拉动作用最强。第一产业就业弹性值为-0.19,即经济每增长1个百分点,就业人数将减少0.19个百分点,这里体现了农业是中国剩余劳动力的巨大蓄水池,伴随着大批人口离开农村进入城镇就业,致使国内生产总值增加,相对减少农业就业人数。第二产业就业弹性为0.18,表明经济每增长1%可促进就业增长为0.18%,这在某种程度上反映了第二产业相对于第三产业劳动生产率高的特点。

第二,生产性服务业与第三产业和非生产性服务业对比。生产性服务业总体的就业弹性为0.30,高于非生产性服务业的0.20和第三产业的0.21,表明第三产业中的生产性服务业在拉动就业增长方面发挥了主要作用,这与格鲁伯,沃克的"服务业的最大组成部分是生产性服务业,它的增长也是最快的"结论相一致[1]。因此,经济发展对服务业,特别是生产性服务业就业促进作用最为明显。生产性服务业的发展,对于就业结构的优化和就业人数的增加作用重大。值得一提的是,非生产性服务业内部的房地产业与卫生、社会保障和社会福利业的就业弹性值分别为0.37和0.33,对带动就业增长效果也很明显。

第三,生产性服务业内部各分行业的对比。在生产性服务业内部,就业弹性最高的是信息传输、计算机服务和软件业,高达0.61;其次是租赁和商务服务业以及科学研究、技术服务和地质勘查业,弹性值分别为0.42和0.34,均高于生产性服务业的整体水平。水利、环境和公共设施管理业,以及金融业弹性值仅为0.25和0.24,虽低于生产性服务业的整体水平,但高于非生产性服务业总体的0.20。生产性服务业内部就业弹性值最低的是运输、仓储和邮政业(0.06),表明伴随经济增长其拉动就业的作用较弱。

综上,第三产业内部的生产性服务业整体就业弹性高于非生产性服务业和第三产业整体,大力发展将有助于解决中国的就业问题。但就生产性

---

[1] 格鲁伯,沃克.服务业的增长:原因和影响[M].上海:上海三联书店,1993.

服务业内部而言，各分行业就业弹性存在较大差异，某些分行业的就业弹性值低于部分非生产性服务业，部分原因是生产性服务业与非生产性服务业相比劳动生产率相对较高，另外，某些分行业如金融业有着较高的就业进入壁垒，导致其较低的就业弹性值。总体而言，以就业弹性值反映的生产性服务业整体的直接就业效应仍然较强。

5.3 间接就业效应

5.3.1 模型的设定

投入产出分析法是一种重要的数量分析方法，它研究经济系统各个部分的投入与产出的关系。这种方法吸收了一般均衡理论中关于经济活动相互依存性的观点，将这种相互依存的关系通过使用代数联立方程体系予以描述。在使用投入产出表分析生产性服务业就业时，行业直接和间接创造就业的能力、行业就业关联度，都以列昂惕夫逆矩阵为基础。使用列昂惕夫逆矩阵构建计量就业潜力的指标时，由于进口对消耗系数产生影响，因此需要对行业就业乘数矩阵做出两方面的调整。

第一，直接消耗系数的调整。计算直接消耗系数时，中间产品包含进口数据，但只有国内生产才能增加就业量，因此要对直接消耗系数进行调整。在投入产出表中，行业总产出指国内总产出，由于"国内总产出 + 行业进口额 = 行业中间使用 + 行业最终使用"，可得国产率计算公式：国产率 = 行业总产出/（行业中间使用 + 行业最终使用）。使用经国产率调整后的消耗系数，可计算列昂惕夫逆矩阵，并求解各部门相对就业潜力指标。

第二，劳动产出率的调整。劳动生产率的变化可用就业弹性系数来衡量。就业弹性表示行业产值每增加1%所对应的就业量变化的百分比。若考虑各行业就业量和总产值，可得到考虑总产值就业弹性的劳动产出率。

完成以上两项调整后，得出分析各产业行业就业潜力的指标：

5.3.1.1 j 行业的产出乘数 (F_j)

$$F_j = \sum_{i=1}^{n} b_{ij} + 1 \tag{1}$$

其中，b_{ij}是完全消耗系数，代表一个货币单位j行业的最终使用所直接或间接消耗的i行业的产出量。F_j反映了行业j促进国民经济规模扩张的能力,它可以间接反映行业 j 的就业吸纳能力。

5.3.1.2 行业劳动力投入系数(l_i)

本部分定义劳动力投入系数 l_i,表示行业 i 平均一个货币单位的总产出所吸纳的就业人数,反映了行业 i 直接吸纳就业的能力。令 l_i 为行业 i 的就业人数,x_i 为总产出,行业 i 的劳动力投入系数 l_i 的计算式为:

$$l_i = \frac{L_i}{X_i} \tag{2}$$

若假设劳动力投入系数不变,那么:

$$l_i = \frac{\Delta L_i}{\Delta X_i} \tag{3}$$

公式(3)的含义是:i 行业的产出每增加一个货币单位,本行业需要直接增加多少劳动力。此处需要对农业的劳动力投入加以说明:农业劳动力投入系数等于零。因为农业是中国农村剩余劳动力的蓄水池,其就业人数与产出增减几乎没有太多关系,其产出受气候和环境的影响很大①。

5.3.1.3 综合就业系数(e_j)

$$e_j = \sum_{i=1}^{n} l_i F_{ij} \tag{4}$$

公式(4)含义是:当 j 行业最终需求每增加一个单位,其他行业最终使用均不增加,而导致各个行业劳动力的增加数,它反映行业 j 就业吸纳能力的大小。将 l_i 设为常数,可得如下计算公式:

$$\sum_{i=1}^{n} \Delta l'_i = e' \times \Delta Y \tag{5}$$

公式(5)中,$e' = (e_1, e_2, \ldots, e_n)$ 代表就业效应向量,$\Delta Y = (\Delta Y_1, \Delta Y_2, \ldots, \Delta Y_n)$ 代表最终需求增加向量,可以用于反映各个部门最终需求增加所导致的对劳动力需求的增加。

本部分主要利用投入产出表来构建总产出乘数、劳动力投入系数、就业效应系数(综合就业系数),以此衡量各行业对劳动力的吸纳能力。

5.3.2 数据来源和计算

本部分选用2007年中国 42×42 部门投入产出表(目前最新),根据

---

① 雷鸣,敬晓清. 行业吸纳就业的能力研究——基于宁夏回族自治区的投入产出核算分析[J]. 统计研究, 2004 (1): 55-60.

《国民经济行业分类》（GB/T4754—2002）的分类标准，将其合并为 10 × 10 行业，分别为第一产业、第二产业、生产性服务业内部七个分行业，以及服务业内部其他非生产性服务业。通过投入产出表计算直接消耗系数矩阵 A、国产率矩阵 D、经国产率调整的直接消耗矩阵 A^*、列昂惕夫矩阵 $(I-A^*)^{-1}$ 和完全消耗系数 B^*。

本部分所使用的各行业的就业人数数据主要来源于《中国统计年鉴（2012）》，但其统计口径与投入产出表略有差异，对数据做出如下处理：

（1）投入产出表中将"交通运输及仓储业"和"邮政业"两个分行业部门分别核算产出，此处将其合并为"交通运输、仓储和邮政业"一个大部门产出，与《中国统计年鉴》中的该分行业数据匹配。

（2）投入产出表中将"研究与试验发展"和"综合技术服务业"两个行业部门分别核算产出，此处将其合并为一个大部门产出，与《中国统计年鉴》中"科学研究、技术服务和地质勘查业"分行业数据匹配。

由此，使用投入产出表和统计年鉴中的原始数据，便可以量化各行业的综合就业系数，以及相应的间接就业系数（表 5 - 7）。

表 5 - 7 中国各产业/行业就业相关指标

产业/行业		总产出乘数	劳动力投入系数	综合就业系数	间接就业系数	间接就业比重
第一产业		4.96 2nd	0	0.043 11th	—	—
第二产业		3.53 3rd	0.009	0.033 12th	0.023 6th	0.717 2nd
生产性服务业	F 交通运输、仓储和邮政业	5.43 1st	0.019	0.085 3rd	0.066 1st	0.774 1st
	G 信息传输、计算机服务和软件业	1.72 9th	0.015	0.026 14th	0.011 10th	0.418 8th
	H 批发和零售业	3.08 5th	0.018	0.054 8th	0.037 3rd	0.676 4th
	J 金融业	3.31 4th	0.013	0.029 13th	0.016 8th	0.562 6th
	L 租赁和商务服务业	2.33 7th	0.020	0.066 6th	0.046 2nd	0.698 3rd
	M 科学研究、技术服务和地质勘查业	2.72 6th	0.011	0.018 15th	0.006 13th	0.364 10th
	N 水利、环境和公共设施管理业	1.18 13th	0.021	0.049 9th	0.028 5th	0.572 5th

续表

	产业/行业	总产出乘数	劳动力投入系数	综合就业系数	间接就业系数	间接就业比重
非生产性服务业	I 住宿和餐饮业	2.28 8th	0.042	0.073 5th	0.030 4th	0.420 7th
	K 房地产业	1.57 11th	0.090	0.105 2nd	0.016 8th	0.150 12th
	O 居民服务和其他服务业	1.70 10th	0.007	0.011 16th	0.005 14th	0.413 9th
	P 教育	1.17 14th	0.116	0.136 1st	0.020 7th	0.146 13th
	Q 卫生、社会保障和社会福利业	1.17 14th	0.049	0.057 7th	0.008 12th	0.143 14th
	R 文化、体育和娱乐业	1.31 12th	0.035	0.046 10th	0.011 10th	0.239 11th
	S 公共管理和社会组织	1.02 16th	0.082	0.083 4th	0.002 15th	0.020 15th

数据来源：作者根据《中国投入产出表（2007）》中相关数据计算得到。

注：由于第一产业的劳动力投入系数为零，则计算其间接就业系数及间接就业比重不再有意义，因此用"—"表示。

5.3.3 结果分析

首先，产出乘数的衡量与分析。产出乘数测度了各部门带动经济规模扩张的能力，间接地反映某一经济部门吸纳就业的能力。如表 5－6 所示，经过自产率调整的交通运输、仓储和邮政业的产出乘数明显高出其他产业/行业，排在首位（产出乘数为 5.43），表明该经济部门最终使用每增加 1 万元，而引发总产值增加 5.43 万元，表明交通运输、仓储和邮政业在促进中国经济规模增长中的重要地位，从社会总产值增长的角度可见发展以上行业对于其他经济部门的发展带动作用举足轻重。总产出乘数分列第二、第三位的分别是第一产业和第二产业，表明其发展对于带动整个国民经济规模扩大的能力较强。另外，在产出乘数排位前 10 的产业/行业当中，生产性服务业占据 6 席（60%），表明生产性服务业的发展将对其他各行业的发展产生巨大推动作用。与此形成对比的是，目前多数非生产性服务业产出乘数排位比较靠后，如排在最后三位的是教育（并列 14 位），卫生、社会保障和社会福利业（并列 14 位），公共管理和社会组织（第 16 位），在一定程度上说明，这些产业存在后劲不足的问题，对经济规模扩张的促进作用较弱。而应加大生产性服务业中的金融业，批发和零售业，科学研究、技术服务和地质勘查业、租赁和商务服务业在产业结构中的比重，不仅因为它们对经济整体发展的重大促进作用，还包括其低耗能、低污染的特性，有助于中国顺利实施可持续发展战略。由于产出乘数同时也是间接反映行业带动就业增长能力的指标，可以成为我们解决就业问题的参考指标。

其次，中国服务业内部所有分行业当中综合就业系数最高的是教育（0.136），房地产业（0.105）和交通运输、仓储和邮政业（0.085）分别排在第二位和第三位。金融业（0.029），信息传输，计算机服务和软件业（0.026），科学研究、技术服务和地质勘查业（0.018），综合就业系数较小，分列第13、第14、第15位，对就业的带动效应不强。表明大多数生产性服务业属于资本或者技术、知识密集型服务业，生产效率较高，吸纳就业效应不显著，这与叶明霞的研究结果存在一致性[①]。

再次，由间接就业系数所反映的间接就业效应指标值前5位的排名中有4个是生产性服务业，充分表明生产性服务业的发展对于带动相关产业/行业就业贡献显著。这4个行业分别是交通运输、仓储和邮政业（0.066），租赁和商务服务业（0.046），批发和零售业（0.037），水利、环境和公共设施管理业（0.028）。

最后，按照间接就业比重（间接就业系数与综合就业系数的比值）对各产业行业进行排序（见表5-6），发现前6位中有5项是生产性服务业。排在第一位的是交通运输、仓储和邮政业，间接就业比重高达77.4%，表明每增加一万元的最终使用所带来的就业增长中，有77.4%是由本行业带动其他行业发展而形成的，充分说明交通运输、仓储和邮政业与其他行业的关联度很强，间接就业效应非常明显。排在第二位的第二产业间接就业系数比重为71.7%，表明目前中国第二产业在间接带动就业方面仍起着举足轻重的作用。租赁和商务服务业、批发和零售业分列第3和第4位，其间接就业系数比重也高达69.8%和67.6%，劳动力投入系数约占综合就业系数的1/3水平，说明该行业与其他行业关联度紧密，虽然该行业增加每单位最终使用所直接带动的就业增长有限，但对其他行业的就业有较强的

---

① 叶明霞，陈锦华，熊一鹏. 中国第三产业各行业就业潜力的实证研究［J］. 财经理论与实践，2007（3）：117-120. 根据叶明霞等的研究成果，中国服务业内部各行业中综合就业系数高的是批发零售贸易餐饮业，为0.159；排在第二位的是非生产性服务业中的行政机关和其他行业，住宿和餐饮业、居民服务和其他服务业、娱乐业等分居第3、第4、第5位，均为非生产性服务业。综合就业系数低的是科学研究和综合技术服务业、金融保险业、商务服务业和信息服务业等，说明多数生产性服务业生产效率较高，对就业的带动效应不强。

辐射和带动能力。水利、环境和公共设施管理业，金融业每增加一万元的最终使用，所增加的就业人数中也有半数以上为间接促进（57.2%和56.2%），其间接就业效应在生产性服务业各分行业中分别排在第4和第5位，并且该行业的劳动力投入系数也不高（0.021和0.013），不足综合就业效应的1/2，即其直接吸纳就业的能力有限，可能由于该行业为资本和技术密集型行业，并且存在较高的劳动力进入壁垒。信息传输、计算机服务和软件业，科学研究、技术服务和地质勘查业间接就业比重不足50%，分别为41.8%和36.4%，而其劳动力投入系数、综合就业系数、间接就业系数都不高，表明无论直接还是间接吸纳就业作用都不明显。

总之，以上分析表明：

（1）以产出乘数衡量的间接就业效应分析表明，在带动整个国民经济规模扩张的能力方面，生产性服务业强于非生产性服务业，大力发展生产性服务业将对其他行业的产值增长和就业增长起到显著的关联性推动作用。

（2）由间接就业系数所反映的间接就业效应指标值的前5位中80%是生产性服务业，按照各行业间接就业系数占综合就业系数的比重（间接就业比重）进行排序的前6位中83%是生产性服务业，充分表明生产性服务业与其他产业行业关联度很强，间接就业效应明显。

（3）总体看，多数生产性服务业的综合就业效应并不显著，低于非生产性服务业的某些分行业，说明资本、技术和知识密集性的属性使得多数生产性服务业生产效率较高，吸纳就业，特别是吸纳低端人员就业的效应有限。就生产性服务业自身而言，其间接就业效应比直接就业效应更加显著，这与就业贡献的分析结果存在一致性。

5.4 就业潜力

本部分运用两个指标衡量生产性服务业的就业潜力（即就业增长空间分析），一是成本利税率，二是结构偏离度。

5.4.1 成本利税率

5.4.1.1 指标描述

成本利税率是成本与实现利税的对比，计算公式为：成本利税率 = 所得/耗费，表明了行业投入与产出的关系，是衡量行业投入产出效率的重要指标，也是间接反映行业相对就业潜力的辅助性指标。如果市场机制是完善的，那么资源会流向投入产出率高的行业，所以可采用成本利税率衡量行业的投入产出效率,以此作为参考、全面衡量一个行业的相对就业潜力。通常讲,成本利税率低,表明该行业盈利或贡献水平低;相反,成本利税率高,表明该行业盈利或贡献水平高,预示着劳动力资源向其流入的动力和趋势,行业就业吸纳空间大。第 i 行业的成本利税率(C_i)的计算公式可表达为:

$$C_i = \frac{T_i + S_i}{M_i + \text{Dep.}_i + W_i}$$

其中,M_i 为中间使用合计,Dep._i 是固定资产折旧额,W_i 为 i 行业劳动者报酬,T_i 是 i 行业的生产税净额,S_i 是企业盈余。

5.4.1.2 数据来源和指标计算

本部分选用 2007 年中国 42×42 部门投入产出表基本流量表中的数据,依照 C_i 公式,计算整理可得 2007 年中国第一产业、第二产业和第三产业内部各分行业成本利税率(表 5-8)。

表 5-8 中国各产业/行业成本利税率

	产业/行业	成本利税率 C_i	排序
	第一产业	0.001	16
	第二产业	0.144	13
生产性服务业	F 交通运输、仓储和邮政业	0.253	7
	G 信息传输、计算机服务和软件业	0.258	6
	H 批发和零售业	0.592	1
	J 金融业	0.331	5
	L 租赁和商务服务业	0.535	2
	M 科学研究、技术服务和地质勘查业	0.400	4
	N 水利、环境和公共设施管理业	0.146	12
非生产性服务业	I 住宿和餐饮业	0.157	11
	K 房地产业	0.191	10
	O 居民服务和其他服务业	0.472	3
	P 教育	0.117	14
	Q 卫生、社会保障和社会福利业	0.232	8
	R 文化、体育和娱乐业	0.228	9
	S 公共管理和社会组织	0.009	15

数据来源:作者根据 2007 年"中国投入产出表"中的相关数据计算整理所得。

5.4.1.3 结果分析

由以上数据可见,第一产业成本利税率最低,仅为 0.1%,表明其发展空间及行业的相对就业潜力较小,第二产业成本利税率为 14.4%,第三产业内部生产性服务业 2007 年 $\overline{C_i}$ 为 35.9%,非生产性服务业 $\overline{C_i}$ 为 20.1%,即生产性服务业整体在国民经济所有产业/行业中的成本利税率最高,预示着资源向其流动的趋势,充分表明其处于发展的成长期,并具备较大的发展空间和吸纳就业的潜力。

对于生产性服务业内部各分行业,除水利、环境和公共设施管理业成本利税率最低,仅为 14.6% 外,其他分行业成本利税率均超过 25%。其中,批发和零售业最高,达到了 59.2%,其次是租赁和商务服务业 53.5%,这两个行业的成本利税率远高于其他分行业。批发和零售业、租赁和商务服务业市场化程度较高,劳动力进入壁垒低,就业增长空间也最大。科学研究、技术服务和地质勘查业成本利税率为 40%,金融业成本利税率为 33.1%,以上两个行业也具有较大的就业吸纳潜力,但由于金融业是劳动力进入壁垒较高的行业,吸纳就业能力有限。信息传输、计算机服务和软件业成本利税率为(25.8%)和交通运输、仓储和邮政业成本利税率(25.3%)接近,均高于非生产性服务业成本利税率(20%),表明相对于非生产性服务业整体而言,其具有较高的就业吸纳空间。

5.4.2 结构偏离度

5.4.2.1 指标描述

结构偏离度是某一产业的就业比重与增加值比重的差值,通常用 β 来表示,其计算公式为:

$$\beta = \frac{E_i}{E} - \frac{G_i}{G}$$

其中,E_i 为第 i 产业的就业人数,E 为就业总量;G_i 是第 i 产业增加值,G 是增加值总和,也就是整个国家的国内生产总值。对结构偏离度的判断标准如下:

如果 $\beta > 0$(正偏离),产业的就业比重大于增加值比重,说明该产业的劳动生产率较低,存在着劳动力向外转移的压力。例如,在很多发展中国家,由于农业部门的劳动生产率较低,存在着劳动力向其他产业转移的压力和趋势。

如果 $\beta < 0$(负偏离),表明该产业的劳动生产率较高,存在着劳动力向本产业迁入的压力和趋势。

如果 β 由负偏离向零值接近,意味着该产业吸纳就业能力增强,随着吸纳越来越多的人就业,产业就业空间逐渐缩小。

如果 β 由负偏离越来越远离零值,意味着本产业吸纳就业能力减弱,随着吸纳越来越少的人员就业,产业就业空间逐渐扩张。

理论上如果在完全竞争的市场结构下,无行政壁垒,劳动力可以自由流动,那么劳动力资源将会不断向生产率和收益率较高的产业行业流动,直到产业之间劳动生产率和收益率基本持平时,劳动力的流动才会停止,此时各产业的结构偏离度逐步趋近于零。结构偏离度等于零时各产业的劳动生产率相同,是理论上的最佳状态。因此,通过参考产业结构偏离值,可以判断该产业对劳动力是排挤还是吸纳。

5.4.2.2 数据来源和指标计算

本节主要数据来源于《中国统计年鉴》《中国第三产业统计年鉴》《中国人口和就业统计年鉴》。其中,国民生产总值、各产业/行业增加值数据均以时间序列分析的首年为基年(1978—2010 年的分析以 1978 年为基年;2004—2010 年的分析以 2004 年为基年,对比分析 1978—2003 与 2004—2010 以 1978 年为基年进行数据的计算和调整),剔除价格变化的影响,以反映物量变化和生产活动成果的实际变动。根据 2004—2010 年生产性服务业内部各分行业增加值与就业的数据,可计算得出生产性服务业结构偏离度(见表 5-9)。

表 5-9 2004—2010 年中国三次产业及第三产业内部各分行业结构偏离度

(%)

年份		2004	2005	2006	2007	2008	2009	2010
第一产业		34.77	32.68	31.30	30.53	29.73	28.69	27.81
第二产业		-25.35	-23.57	-22.47	-21.24	-20.95	-20.67	-20.56
第三产业		-9.42	-9.11	-8.84	-9.29	-8.78	-8.02	-7.25
生产性服务业	F 交通运输、仓储和邮政业	-5.70	-4.95	-5.03	-5.31	-5.44	-5.04	-5.25
	G 信息传输、计算机服务和软件业	-2.82	-2.48	-2.54	-2.62	-2.80	-2.64	-2.58
	H 批发和零售业	-7.98	-6.82	-7.25	-8.13	-9.36	-9.49	-10.66
	J 金融业	-3.32	-2.81	-3.40	-4.67	-5.15	-5.65	-6.05
	L 租赁和商务服务业	-1.59	-1.40	-1.50	-1.65	-1.79	-1.79	-2.07
	M 科学研究、技术服务和地质勘查业	-0.94	-0.87	-0.97	-1.12	-1.19	-1.30	-1.41
	N 水利、环境和公共设施管理业	-0.30	-0.22	-0.20	-0.21	-0.22	-0.25	-0.27

续表

	年份	2004	2005	2006	2007	2008	2009	2010
非生产性服务业	I 住宿和餐饮业	-2.34	-2.03	-2.05	-2.09	-2.28	-2.23	-2.29
	K 房地产业	-4.87	-4.41	-4.77	-5.58	-5.42	-6.30	-6.96
	O 居民服务和其他服务业	-1.67	-1.62	-1.62	-1.60	-1.70	-1.77	-1.86
	P 教育	-1.47	-1.13	-1.07	-1.21	-1.38	-1.64	-1.75
	Q 卫生、社会保障和社会福利业	-1.18	-0.93	-0.90	-0.97	-1.03	-1.00	-1.07
	R 文化、体育和娱乐业	-0.57	-0.49	-0.49	-0.52	-0.57	-0.61	-0.62
	S 公共管理和社会组织	-2.71	-2.32	-2.55	-2.84	-3.52	-3.48	-3.28

数据来源：根据《中国统计年鉴》（2005—2012）中数据计算得来。参照 GB/T4754-2002 标准和统计口径，第三产业内部分行业可得的数据年份为 2004—2010。

5.4.2.3 结果分析

从表 5-9 可以看出，2004—2010 年中国除第一产业外，第二产业、第三产业以及第三产业内部生产性服务业和非生产性服务业的各个分行业都存在不同程度的结构负偏离，反映了中国第二和第三产业存在差异性的劳动力迁入的压力，就业空间较为广泛。如果各行业的生产要素可以自由流动，各行业均可吸收更多的劳动力。

具体而言，三次产业对比，2004—2010 年第二产业和第三产业（服务业）负偏离度分别为 -2.803 1 和 -2.333 5，明显低于第一产业，表明相对于第一产业，第二、第三产业劳动生产率较高，存在着劳动力迁入的趋势，并具备较强的吸纳就业的潜力。单从 2004—2010 年的数据看，第三产业（服务业）整体吸纳就业的潜力弱于第二产业，但倘若将 1978—2003 年三次产业结构偏离度与 2004—2010 年数据对比，可发现无论是第一、第二还是第三产业，其劳动生产率均有提高；第三产业的就业潜力凸显，结构偏离度数据从 -0.108 7 降为 -2.333 5，降幅 20.47 倍（第二产业降幅仅为 1.63 倍），由负偏离状态向零状态远离，表明该产业吸纳就业能力减弱，伴随着吸纳越来越少的人就业，该产业就业空间在扩张。

就第三产业内部而言，2004—2010 年生产性服务业负偏离的程度（-1.439 2）远低于非生产性服务业（-0.894 3），充分表明相比非生产性服务业，生产性服务业整体具有较强的吸纳就业的潜力。对于生产性服务业内部各分行业来说，批发和零售业（-0.516 5）离零值最远，负偏离最大,并且 β 有明显的由负偏离状态向零状态远离的趋势,表明该行业就业空间在继续扩张,作为市场化程度较高的非垄断型行业,其具备非常大的吸纳就业的潜力;排在其次的是交通运输、仓储和邮政业(-0.3178)、金融业(-0.2649),列示的数据表明这两个行业就业增长空间较大,但由于其具有较高的行政进入壁垒,阻碍了劳动力的自由进入;信息传输、计算机服务和软件业 β 值有明显的由负偏离状态向零状态接近的趋势,表明该产业吸纳就业能力增强,伴随着吸纳越来越多的人就业,该产业就业空间在缩小;租赁和商务服务业,科学研究技术服务和地质勘查业 β 值有由负偏离状态向零状态远离的趋向,表明这两个行业吸纳就业能力减弱,伴随着吸纳越来越少的人就业,该就业空间在扩张;水利环境和公共设施管理业偏离程度较低,表明其并非吸纳就业的主要行业。

5.4.3 与国际标准模式结构偏离度的对比分析

国外著名学者库兹涅茨、钱纳里、赛尔奎因等研究了三次产业的结构变动规律(见表 5-10)[1],发现当人均国内生产总值由低升高时,第三产业结构偏离度也从较低的负偏离逐步向零值靠拢。总体而言,三次产业的结构偏离度都在向零值靠拢,反映了三次产业的劳动生产率随人均国内生产总值的增长而逐渐趋同的过程。在这个演变过程中,第一产业增加值比重呈下降趋势,第二、第三产业增加值比重呈上升趋势,即第一产业大量剩余劳动力向第二、第三产业转移的过程,促使三次产业劳动生产率的趋于平衡。

表 5-10 不同产业结构偏离度演变的国际标准模式

三种研究结果	人均国内生产总值	农业(%)	工业(%)	服务业(%)
库兹涅茨模式 (1958 年美元)	70	34.5	-11.8	-22.7
	150	27.6	-11.4	-16.2
	300	19.5	-10	-9.5
	500	12	-6.3	-5.7
	1 000	6.8	-3.1	-3.7

---

[1] 西蒙·库兹涅茨. 各国经济增长 [M]. 北京:商务印书馆,1985.

续表

三种研究结果	人均国内生产总值	农业（%）	工业（%）	服务业（%）
钱纳里、艾金通和西姆斯模式 （1964年美元）	100	21.8	-3.9	-17.8
	200	22.7	-3	-19.7
	300	19.5	-2.6	-16.9
	400	16.9	-2.1	-14.8
	600	13	-1.4	-11.6
	1 000	10	-0.7	-9.3
	2 000	7.4	0	-6.4
	3 000	-1.5	1.2	2.9
塞尔奎因和钱纳里模式 （1980年美元）	300	35.5	-19	-16.5
	500	33.4	-20.4	-12.9
	1 000	28.9	-20	-8.7
	2 000	22.7	-17.8	-4.9
	4 000	14.5	-13	-1.5

资料来源：西蒙，库兹涅茨. 各国经济增长[M]. 北京：商务印书馆，1985.

根据2011年《中国统计年鉴》中的数据，2010年中国的人均国内生产总值为30 015元（当年价）。按照2010年人民币与美元的汇率1:7.195 8，美国的年均通货膨胀率2%，可将中国2010年的人均国内生产总值折算为1958年美元、1964年美元和1980年美元，数值分别为1 531.4美元、1 724.1美元和2 367.7美元。

将中国服务业和生产性服务业结构偏离度与三种国际标准模式的分解结果进行对比发现（见表5-11），中国服务业的结构偏离度按照标准模式应该分别达到-3.7%，-7.2%和-4.3%，而2010年中国实际数值为-7.25%，与标准模式的分解结果相比分别低了-3.55%，-0.05%和-2.95%，与国际代表性模型理论值相比低了2.2%；中国生产性服务业结构偏离度数值分别低了-2.06%，-0.03%，-1.71%（比重估计值），这也表明了中国第三产业及其内部生产性服务业吸纳就业的空间相对较大。

表 5-11 中国生产性服务业结构偏离度与国际标准模式比较

国际标准模式	代表性模式		代表性模式的分解		中国 2010 年情况		中国服务业代表模式（%）	中国生产性服务业代表模式（%）
	人均国内生产总值	服务业结构偏离度（%）	人均国内生产总值	服务业结构偏离度（%）	人均国内生产总值	服务业结构偏离度（%）		
库兹涅茨模式（1958 年美元）	70	-22.7	—	—	—	—	—	—
	150	-16.2	—	—	—	—	—	—
	300	-9.5	—	—	—	—	—	—
	500	-5.7	—	—	—	—	—	—
	1 000	-3.7	—	—	—	—	—	—
			1 531.4	-3.7	1 531.4	-7.25	-3.55	-2.18
钱纳里、艾金通和西姆斯模式（1964 年美元）	100	-17.8	—	—	—	—	—	—
	200	-19.7	—	—	—	—	—	—
	300	-16.9	—	—	—	—	—	—
	400	-14.8	—	—	—	—	—	—
	600	-11.6	—	—	—	—	—	—
	1 000	-9.3	—	—	—	—	—	—
			1 724.1	-7.2	1 724.1	-7.25	-0.05	-0.03
	2 000	-6.4	—	—	—	—	—	—
	3 000	2.9	—	—	—	—	—	—
塞尔奎因和钱纳里模式（1980 年美元）	300	-16.5	—	—	—	—	—	—
	500	-12.9	—	—	—	—	—	—
	1 000	-8.7	—	—	—	—	—	—
	2 000	-4.9	—	—	—	—	—	—
			2 367.7	-4.3	2 367.7	-7.25	-2.95	-1.81
	4 000	-1.5	—	—	—	—	—	—

数据来源：根据《中国统计年鉴》（2012），中 2010 年统计数据，参照不同产业结构偏离度演变的国际标准模式计算得来。

5.5 本章小结

本章测度了中国生产性服务业的就业效应，具体从四方面展开。

首先，本章应用就业贡献度的测算模型，测定了生产性服务业的直接、间接和综合就业贡献，进而展开分析并发现生产性服务业的直接就业贡献并不明显，而对就业的贡献更多地体现在间接就业贡献，充分表明该行业的协同效应、关联效应和波及效应非常显著，也就是说，生产性服务业对就业的拉动作用，更多地体现在它可带动其他经济部门产值增长和就业增长。在生产性服务业内部，各分行业的综合就业贡献度存在着较大差异，综合就业贡献度最高的是批发零售业、金融业、租赁和商务服务业，其就业的综合投入贡献比可达到97.8%，69.2%和36.1%，显示出极强的就业贡献和就业拉动能力。然而，综合就业贡献排在后两位的水利、环境和公共设施管理业（29.9%），以及信息传输、计算机服务和软件业（27.3%），其指标值却远低于第三产业整体和多数非生产性服务业。

其次，使用就业弹性指标测定直接就业效应。实证结果表明，第三产业内部的生产性服务业整体就业弹性高于非生产性服务业和第三产业整体，大力发展生产性服务业将有助于解决中国的就业问题。但就生产性服务业内部而言，各分行业就业弹性存在较大差异，某些分行业的就业弹性值低于部分非生产性服务业，部分原因是生产性服务业与非生产性服务业相比劳动生产率相对较高。另外，某些分行业如金融业有着较高的就业进入壁垒。总体而言，以就业弹性值反映的生产性服务业整体的直接就业效应还是较为明显的。

再次，以产出乘数衡量的间接就业效应。结果表明生产性服务业比非生产性服务业对于带动整个国民经济规模扩张的能力要强，生产性服务业与其他产业行业关联度很强，间接就业效应非常显著，大力发展生产性服务业，将对其他各行业的发展起到很强的推动作用，同时间接带动相关产业行业就业人数的增长。但总体来看，多数生产性服务业的综合就业效应并不显著，低于非生产性服务业的某些分行业，说明多数生产性服务业生产效率较高，属于资本或者技术、知识密集型服务业，因而吸纳就业特别是吸纳低端人员就业的空间有限。就生产性服务业自身而言，其间接就业效应比直接就业效应更加突出和显著。

最后，就业潜力的测定。通过成本利税率和结构偏离度两个指标的计算和分析,同时将中国第三产业及其内部的生产性服务业的结构偏离度与国际标准模式进行换算和对比,发现中国第三产业及其内部的生产性服务业均处于发展的成长期,并具备较大的发展空间和吸纳就业的潜力。

6 中国生产性服务业就业增长影响因素的理论分析

前文分析表明，生产性服务业具有非常显著的间接就业效应和较为明显的直接就业效应，同时具有巨大的就业增长空间。为此，我们要充分挖掘生产性服务业的就业增长潜力，分析并测定影响生产性服务业就业的诸多因素中，哪些会促进就业的增长，哪些对就业起着阻碍作用。本章将从需求和供给理论的角度展开分析。

6.1 基于需求视角的生产性服务业就业增长影响因素分析

中国生产性服务业总体上规模较小，层次较低，服务能力还比较薄弱，在国民经济中的作用和地位尚不突出，吸纳就业能力落后于西方发达国家和某些发展中国家。基于如此现状，我们更为关心的问题是找出影响中国生产性服务业发展和就业增长的关键性因素，从而做到有针对性地制定相关对策。

生产性服务业发展滞后，其就业增长必然受到抑制。国外学者的研究表明，影响生产性服务业发展的因素主要是外部化趋势和垂直分工。韩坚借鉴国外的研究成果对中国的生产性服务业进行实证分析，发现生产性服务业发展与城市化率、专业化分工程度、外部化的关系密切[①]。因此，可从以上三方面切入来促进生产性服务业的全面发展，释放其就业增长效应。此外，国内不少学者从需求角度出发，探讨生产性服务业发展滞后的原因，如认为对生产性服务需求的不足是由于中国落后的工业生产方式所造成的[②]，另外，中国的工业国际代工模式，以及工业企业缺乏升级激励也在一定程度上限制了对相关生产性服务的需求。李江帆把影响生产性服务需求的因素归纳为经济体制、专业化分工的精细程度、企业产权制度、

---

① 韩坚. 中国生产性服务业的影响因素及对策分析 [J]. 贵州社会科学，2007（12）: 75－78.

② 吕政，刘勇，王钦. 中国生产性服务业发展的战略选择——基于产业互动的研究视角 [J]. 中国工业经济，2006（8）: 5－12.

竞争的激烈程度、服务企业的服务质量、服务价格高低、经济发展水平和经济开放程度①。对于生产性服务业就业,车放,车广吉以北京市生产性服务业为例,利用面板数据模型展开分析,发现在城市化水平、投资水平、工资水平以及技术进步等影响生产性服务业发展的因素当中,城市化对低保对象在生产性服务业就业方面的影响最大,城市化水平每提高1%,就能带动各个行业3.14%的就业增长。其次是投资水平和技术进步,工资水平在这些影响因素当中影响力是最低的,工资水平每提高1%,仅带动就业提高0.04%②。

影响因素的研究需要从内、外、供、需多角度展开分析和探讨,但现有研究非常缺乏从理论层面将生产性服务的需求类型做进一步的细化分类。为达到研究目的,本章将生产性服务需求进一步细分为现实需求和潜在需求,探讨潜在需求向现实需求转化过程中存在的障碍,这些障碍因素在实质上通过制约生产性服务业的发展而联动性地抑制其拉动就业增长功能的发挥。

6.1.1 基于需求视角的生产性服务业带动就业增长的条件

按照市场经济理论,市场需求是产业发展的核心动力所在,对劳动力的需求和就业的实现是对产品和服务的派生需求或引致需求,只有生产性服务业持续发展,才能成为就业岗位创造和就业实现的源泉。上文分析表明,生产性服务业就业贡献、就业效应(尤其是间接就业效应)显著,并且具有很大的就业增长潜力和空间,然而要释放这种效应,必须使生产性服务业的潜在需求转化为现实需求,一方面要扩大对生产性服务的需求,另一方面要有效实现需求。基于中国当前生产性服务业就业的现状,本部分有针对性地提出生产性服务业带动就业增长需满足以下三个方面的条件:

现状1:中国受制度因素影响服务外包不足,减少了生产性服务需求空间和就业岗位。

条件1:企业应形成强烈的服务外包意识,通过生产技术专业化和分工精深化来提供更多的专业化就业岗位。

中国三次产业服务外包的数量和程度,对生产性服务需求的内容、规

---

① 李江帆. 中国第三产业发展研究 [M]. 北京:人民出版社,2005:3.
② 车放,车广吉. 生产性服务业对城市低保对象就业影响的实证分析——以北京市为例 [J]. 学术探索,2012 (7):65–69.

模和结构产生重大影响。任何一个生产性服务部门的出现都是由生产技术专业化和分工精深化所引致的。总体而言，第二产业对生产性服务的需求量应该是最大的，并且随着生产部门生产活动外部化趋势的加剧，对生产性服务的需求应呈现出明显的扩大趋势。但受到相关制度因素的影响，如企业自身观念和素质、发展和竞争环境以及自身体制等，很多企业尚未形成很强的服务外包意识，如产前服务的可行性研究、产品的设计研发、人员培训；产中服务的原材料物流、租赁；产后服务的广告会展、市场销售等占总支出比例偏小，很多企业都采用传统的大而全或小而全的生产经营模式，通过内部部门或子公司为本公司提供相关生产性服务，以满足本公司的需求。另外，很多大型企业的通病是宁愿自建自用写字楼，也不愿意采用性价比更为合理的租赁方式。基于这种现状，对生产性服务的潜在可能需求，特别是对人员的需求都在很大程度上被约束了。很多中小型生产性服务企业由于业务量不足而导致利润低、经营困难自然无法创造更多的就业岗位、拉动就业增长。

现状2：生产性服务企业服务能力不足、满足客户需求的能力薄弱，导致潜在需求难以转化为现实需求，限制了其自身发展和就业增长。

条件2：生产性服务企业要为外包企业提供高标准和高质量的服务。

市场上一直大量存在对个性化、差异化和高质量服务的潜在需求，但目前质量平平的服务供给和有限的服务能力显然不能满足以上需求，潜在需求向现实需求的转化受阻，抑制了现实需求的增加，使得生产性服务业自身的发展和就业增长受限。目前，这种服务能力不足、满足客户需求能力薄弱的现象普遍存在于信息服务业、物流业和商务服务业中。生产性服务企业的服务质量标准模糊或供给质量不稳定是导致企业服务不外包的一个重要原因，徐学军在对东北装备制造业对技术服务和物流服务的需求调查中也印证了这一点[①]。另外，目前，中国商务服务供给的服务质量和服务水平也难以满足市场需求，普遍存在规模偏小和业务范围狭窄的问题。如创意设计企业服务能力不强和设计水平不高，难以满足市场对高端设计的需求，导致现实需求不足[②]。

现状3：信用缺失、无序竞争等市场机制问题，导致生产性服务的潜在需求难以转化为现实需求，限制了其自身发展和就业增长。

---

① 徐学军. 助推新世纪的经济腾飞：中国生产性服务业巡礼 [M]. 北京：科学出版社，2008.

② 刘绍坚. 生产性服务业发展趋势及北京的发展路径选择 [J]. 财贸经济，2007（4）.

条件3：消除不利于发挥市场基础性作用特别是不利于公平竞争的市场机制障碍

中国还存在着诸多市场机制障碍，如信用体制机制不完善、无序竞争现象较为严重、行业准则缺乏和尚未形成良好的行业自律意识等，在生产性服务业的某些行业表现较为明显。如在物流业中，行业内部存在相互拆台、低价竞争和逆向淘汰的问题。一些企业管理正规、服务质量高、准则规范，反而竞争不过一些服务原始、管理粗放、靠低价竞争的对手。另外，市场上还存在着非经济竞争的因素，如不少生产性服务企业依托某些政府部门生存。这样，在市场上难以形成优质优价的公平竞争机制，市场交易成本大幅上升，各种潜在的、差异化的、高端的生产性服务需求难以转化为现实需求，限制了就业岗位的创造和对人员的需求。

6.1.2 影响中国生产性服务业就业增长需求的因素分析

中国生产性服务业总体水平较为落后，存在需求不足和供给不足的双重问题，制约了拉动就业功能的发挥。因此，如何实现生产性服务潜在需求向现实需求的转化，是解决其自身发展和就业增长的关键所在。本部分分析探讨经济发展模式、体制障碍、市场机制和政策限制等需求方面的障碍因素对生产性服务业就业的影响。

6.1.2.1 经济发展模式制约生产性服务业发展和就业增长

现行的经济发展模式在一定程度上制约了生产性服务业的发展，进而制约了该行业就业岗位的提供和就业的增长。经济发展模式对生产性服务业就业的影响主要表现在三个方面：

（1）从第一产业看，中国农业的分散经营模式弱化了对生产性服务的需求。生产性服务属于中间需求，由于农业自身的组织化程度低和生产方式落后，导致农业对生产性服务的中间需求少。中国现行农村基本模式是：农户经营规模小和几乎独立完成全过程的模式导致了生产专业化程度低；服务主要靠自给和相互之间缺乏协作，制约了农业分工的深化和对农业生产性服务的需求，与农业相关的生产性服务需求受到限制，就业岗位创造和就业实现受到约束。

（2）从第二产业看，资源消耗型和要素驱动型的经济发展模式，以及低度化的工业结构抑制了生产性服务需求和就业岗位创造。首先，工业过多依赖资源消耗和低成本要素投入的发展模式，使之缺乏对高端生产性服务的需求。另外，大部分工业企业在长期粗放型的经济增长方式下，并不承担高能耗和高污染等负外部性成本，导致工业企业缺乏主动和自觉的创新，削弱了其通过深化分工和加强专业化降低成本的动力。其次，中国的工业，特别是工业中的制造业是生产性服务需求的主体，而目前的工业低度化制约了需求和就业增长。目前，中国无论是劳动密集型，还是资本密集型和技术密集型的制造业，需求和使用较多的仍然是传统型的生产服务，如批发零售、交通运输、仓储和邮政业等，对高端生产性服务的需求较为有限，如对知识含量较高的商务、信息和研发技术服务等。投入与产出的对比分析表明，中国生产性服务业的发展受到来自于工业制造业在需求量、需求内容和需求结构等方面较大程度上的制约，特别是抑制了对高端生产性服务的需求。另外，大量的生产性服务由于大规模的加工贸易而留在了跨国公司，外资企业对本地的金融、研发和技术等生产性服务需求也较为有限；分散化的工业布局，工业企业聚集程度低，也弱化了对生产性服务的需求[①]。

（3）从第三产业看，第三产业本身对生产性服务的需求量约占生产性服务总需求的1/3，而当前无论是现实的生产性服务需求还是潜在需求都处于主要依靠第二产业，特别是制造业的带动阶段。另外，中国的第三产业粗放式的发展方式和低度化的发展状态产生了很多弊端，重视产业的量化扩张、忽略整体质量水平提升，重硬件轻软件，服务功能欠缺，产业发展层次低，对生产性服务需求的质和量都还处于较低水平，就业岗位创造，特别是具有知识和科技含量的高端就业岗位和就业实现受到约束。

6.1.2.2 体制性障碍抑制生产性服务需求增长和就业增长

体制性障碍制约了生产性服务的潜在需求向现实需求转化，抑制了现实需求的增加和就业岗位的创造。体制性障碍主要指政府在宏观层面对所有权和资源分配等管理体制方面存在的问题，如政企不分、政事不分；垄断和多头管理；行政分割等体制性问题，具体可从三方面展开分析。

（1）需求增长和就业增长受到"重工业轻服务"观念的束缚。当前，中国依然存在"重工业轻服务"的观念，认为商品是硬性的，而附着在商品上的服务是软性的，认为服务业在价值创造方面的贡献，弱于工业的"非价值创造"或"低价值创造"观念主宰着很多人的思维，成为制约中国生产性服务需求增长和就业岗位创造的一大障碍。基于这样的观念和思

---

① 杨玉英．我国生产性服务业影响因素与效应研究：理论分析与经验证据［D］．长春：吉林大学学位论文，2010.

维，社会对服务行业，特别是高端的生产性服务行业的认识不全面、不深入，甚至怀疑，如中国国内的一些中介咨询服务的社会认知度较低，很多顾客不愿为此支付高额费用，这会严重影响其所提供服务的量和质，从长期看非常不利于该行业的良性发展，无法发挥现实需求增加而释放的就业效应。事实上，中国经济发展战略导向和政府的绩效考核体制，对这种价值观念的形成可以提供一定的解释，体制一方面受到观念的影响和引导，另一方面也会强化观念，其对生产性服务业的发展和就业增长的作用体现为抑制和约束。

（2）需求增长和就业增长受到生产性服务外包的体制性障碍的束缚。目前，中国企业生产性服务外包的数量较少、外包的层次较低（多以传统的生产性服务为主，如交通运输和物流业），体现在"质"和"量"方面对生产性服务的需求都较为有限，市场化的生产性服务企业由于现实需求缺乏而成长受限，究其原因，体制性的因素对企业的生产性服务外包影响显著：第一，现有体制当中促进专业化分工和生产性服务外包的压力和动力不足。目前，市场上仍然存在垄断和地区性保护，企业的管理体制改革未做到实处，产权改革不到位，追求高效率的压力不足，大而全和小而全的组织激励机制依然存在，服务环节缺乏有效分解和分包，社会分工的深化大受约束。第二，传统经济体制下自给自足的思想和企业"办社会"的思想，导致企业对生产性服务外包的认知度较低，服务外包意识薄弱，内部服务市场化和外部化程度不足，限制了对生产性服务的现实需求和该行业的岗位创造。生产性服务外包的有效性和对就业增长的贡献已被比较优势理论、专业化分工理论、就业增长的产业波及理论等所验证。将企业自身不具备比较优势的、非核心生产性服务活动外包出去有如下的好处：第一，可以获得更加迅捷、专业强和高质量的服务；第二，合理的生产性服务的外部化和专业化可以降低企业成本，形成竞争优势，提高企业竞争力；第三，社会分工更加合理，社会效率提高，经济发展特别是第二产业和生产性服务业的发展会更加快速、健康和良性，更多的生产性服务岗位将不断被创造出来，中国所面临的强大的就业压力也将随之被有效地缓解。

（3）需求增长和就业增长受到垄断的约束。市场上存在的垄断抑制了生产性服务需求的增长和就业增长。第一，一些自然垄断的生产性服务行业，如邮政、电信、铁路和民航等，一方面存在着行政准入和政企不分等问题，另一方面由于国家利益固化为部门和企业利益而形成了新的行政性垄断。行政垄断和自然垄断的相互强化巩固了大型国有企业的垄断地位，一是垄断企业外包意识差，二是市场价格机制作用难以发挥，服务量少、质差、价高，抑制了生产性服务潜在需求的转化和现实需求的增加，使其带动就业增长的效应无法发挥。第二，某些垄断性的生产性服务行业收费高且不透明抑制了需求增长和就业增长。如从商务服务中的中介服务收费标准看，政府定价只针对少数具有行业垄断和技术垄断的部门，如公证、检验、鉴证等。但事实上，很多生产性服务部门并没有严格执行政府定价标准，特别是那些具有垄断地位的生产性服务部门仍有要价偏高的问题，消费者权益受到侵害而对中介服务产生怀疑，降低了其对相关生产性服务的需求。

6.1.2.3 市场机制障碍制约潜在需求的转化、现实需求增加和就业岗位创造

当前，中国生产性服务业市场仍存在着很强的市场机制障碍，如无序竞争，标准、规范和诚信机制缺失造成了较高的市场交易成本，使得潜在需求向现实需求转化的难度加大，制约了生产性服务岗位的创造和就业增加。健全、良好的信用制度环境对生产性服务业的发展至关重要，现行市场诚信机制远未建立，使得生产性服务的交易成本大幅增长。市场诚信缺失造成高端服务产品的缺乏，市场难以规范化和标准化运作，供需双方的信息不对称是导致交易成本高、现实需求不足的重要原因。发达国家服务市场交易成本的降低一般是通过品牌企业的号召和影响，以及行业协会的自律实现的，而目前中国在这两方面都比较欠缺。

6.1.2.4 某些现行的政策法规束缚生产性服务业自身发展和就业增长

（1）某些现行的税收政策阻碍了生产性服务业自身的发展和就业增长。第一，作为人力资本密集型的产业，生产性服务企业的管理费用、行政费用和员工培训费占较大的比例，由于现行税收政策规定其管理和行政费用不能在税前扣减，导致较高的计税基数。第二，在合伙制的中介服务企业中，现行营业税的计税方法存在重复计税的问题。第三，设计、研发等技术型的生产性服务业不能享受高新科技税收优惠政策。第四，运输业与物流业营业税税率相对较高，特别是现行的物流业务外包存在重复课税的问题，税负较重，现有税制没有起到对该行业较好的鼓励、扶持和激发物流需求的作用。

（2）与生产性服务业相关的产业扶持政策较为欠缺，对生产性服务需求引导和激发不足，制约了其自身发展和就业增长。主要表现为：第一，

目前在中国生产性服务业产业聚集区发展的相关扶持政策，以及系统化激发生产性服务需求的相关产业政策较为缺乏。第二，生产性服务业行业标准化和规范化的相关建设工作缺失。良好的标准规范建设可以有效地改变现行服务市场的无序竞争，有助于在规范诚信的市场环境里打造品牌企业，发展生产性服务业的新业态，淘汰落后和低效的企业和业态，为生产性服务业健康、良性和高质、高量化的发展，以及拓宽就业渠道开辟更广阔的空间。第三，目前中国对服务业，特别是有较高产出效能的生产性服务业的品牌建设的引导与支持力度不够，对培育示范性生产性服务企业的相关扶持政策比较缺失，相关工作还比较薄弱，使得其自身发展受限，就业效应难以释放。

总之，对劳动力需求（引致需求）的增加，即就业增长，根源于对生产性服务需求的增长和生产性服务业自身的发展。当前中国有着庞大的生产性服务的潜在需求，但潜在需求向现实需求转化的难度较大、障碍较多，导致现实有效需求不足。而真正的制约因素来自于经济发展模式、体制、市场机制和相关政策法规四个方面。本部分有针对性地提出生产性服务业带动就业增长需满足的三个条件：第一，企业应形成强烈的服务外包意识，通过生产技术专业化和分工精深化提供更多的专业化就业岗位。第二，生产性服务企业要为外包企业提供高标准和高质量的服务。第三，市场机制不存在障碍。

6.2 基于供给视角的生产性服务业就业增长影响因素分析

目前，大力发展生产性服务业能够促进产业结构高级化和就业结构高级化，符合世界产业发展的潮流和趋势，扩大生产性服务业的规模、强调其在国民经济中的地位和作用，能够有效促进和实现中国服务业结构升级，并充分发挥服务业带动就业增长的作用。然而，生产性服务业的发展和就业增长的实现是在供给和需求两方面的相互作用下实现的。因此，除强调需求调节外，同时应对影响供给方面的因素予以重视。本部分从供给的角度探讨影响生产性服务业发展和就业增长的因素。

6.2.1 基于供给视角的生产性服务业就业岗位提供的条件分析

生产性服务业已经成为发达国家抢占国际经济制高点的有效工具，观其历史可以看到，它于工业革命前期萌芽，取得初步发展是在第二次世界大战之前，发展成为发达国家的主导产业则是在20世纪八九十年代。其形成与发展的历史充分印证了市场化程度深入与否、产业发展水平的高低、技术进步速度和创新能力的高低、是否具有良性和规范完善的商业环境等因素，同时从供给和需求两个方面影响生产性服务市场的发育程度，本部分将从供给角度展开分析。

6.2.1.1 清除体制性障碍是提升生产性服务供给水平和就业水平的重要条件

生产性服务活动具备典型的中间连接性特点，它依附于其他产业而存在，贯穿于整个社会实践过程的始终。它是伴随着日益增多的生产企业的普遍要求，由独立的市场供给主体提供中间性服务的大背景下萌生和发展起来的。作为一个独立的产业，它满足了开展生产活动的企业各种服务外包的需求，如设计、研发、包装和运输等。通过非核心服务的外包，生产企业可以将资源集中用在自身具有核心竞争力的生产环节当中，这提高了整个社会的生产效率和社会资源的配置效率。从这一点看，典型的发达国家走在了前面，在20世纪90年代以美国和日本为代表的发达国家的生产性服务业的发展已经成果惊人，1997年，美国生产性服务供给增长达到26%，其内部分行业按增长速度排序依次为信息技术外包（增长30%）、人力资源服务（增长16%）、市场和销售服务（增长14%）、金融服务（增长11%）；同年在日本，供给增长最快的是工作培训（20.1%），之后依次为信息系统（19.7%）、生产方法（17.4%）、会计和税收（14.0%）和研究开发（13.7%）[1]。

生产性服务供给的增长需要市场的需求拉动，但需求拉动未必一定能够形成市场供给，市场上的现实有效供给受到多因素的影响，如体制因素和政策因素对生产性服务供给的影响非常显著。生产性服务业的风险一般较高，并具备强大的产业关联和外部性，发达国家主要通过健全法制、推行充分开放和有序竞争、规范诚信的市场交易环境、管制垄断等措施来促进生产性服务业向规范化方向发展。与此对比，大多数发展中国家由于惧怕市场对内、对外完全的开放会威胁到国家产业安全，从而采取的主要手段为严格的行业进入管制。如在对内开放方面，多数发展中国家对金融、邮政、电信和铁路等生产性服务业实行极为严格的进入管制。

---

[1] 杨玉英. 我国生产性服务业影响因素与效应研究：理论分析与经验证据 [D]. 长春：吉林大学学位论文，2010.

6.2.1.2 技术进步和服务创新是生产性服务供给水平和就业水平提升的重要条件

经济增长理论已经充分表明，技术进步和服务创新为经济增长提供了源源不断的动力，对就业的影响也非常明显。

技术进步可以提高劳动生产率和企业竞争力，是企业获得竞争优势的重要来源，但技术进步对就业的影响存在正反两个方面，如图6-1所示，一方面是积极的促进，另一方面是消极的影响。首先，技术进步能够带来新产业或新行业的发展和生产率的提高，将提高现有产品的供给水平、生产规模扩大、社会总收入同步增加，势必增加社会对劳动力的需求，即实现就业增长。其次，技术进步可能导致原有产业部门和原有岗位被取代，单位资本对劳动力的吸纳能力下降，进而减少对劳动力的需求。总体看，技术进步虽然在短期内会产生对劳动力的挤出，但从长期看，它为提升生产性服务供给水平创造了良好的外部环境，能实现行业的长远发展和就业增长。

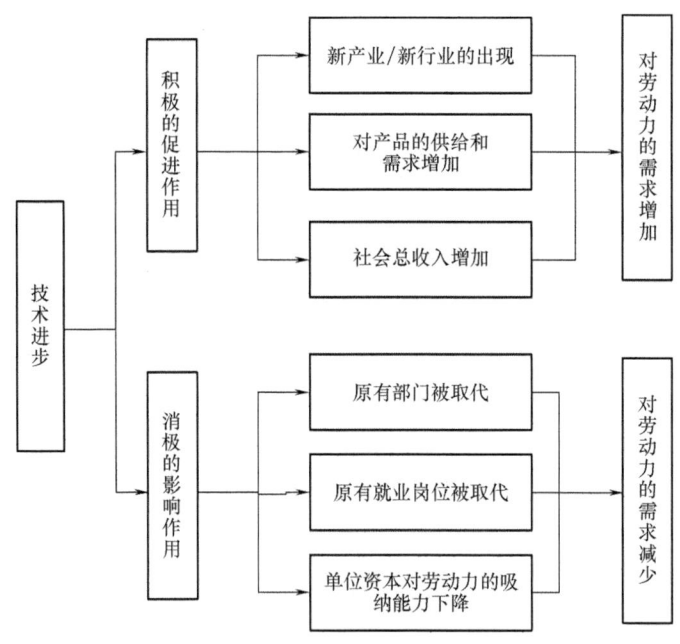

图6-1 技术进步对就业的积极和消极影响

服务企业的创新从一定程度上说是其存在和发展的前提。生产性服务创新能够帮助生产性服务企业形成自身的竞争优势，在不断创新中满足顾客多样化的、变化的需求，不断提高企业供给层面的"质"和"量"，帮助企业成为市场的引领者，获得高额利润、促进就业增长，健康良性的发展循环也使得企业具有不断创新的激励机制。有研究表明，服务业创新的约束性因素，按照影响程度依次为创新容易被复制或模仿、核心员工缺乏、成本风险太高等，见表6-1。

表6-1 中国生产性服务业创新的障碍因素均值表

障碍因素	总体	金融	ICT	科技服务	商务服务
创新易被复制或模仿	1.111	1.423	1.113	0.948	0.794
缺乏必要的核心员工实现创新	1.102	1.115	1.017	1.138	1.131
创新的成本或风险太高	1.061	1.231	1.078	0.948	0.916
法律和管制使创新有难度或成本昂贵	1.045	1.300	0.939	0.776	0.916
现有组织结构难以有效支持创新	1.000	1.154	0.930	0.897	0.879
缺乏相应的技术实现预想的创新	0.986	0.977	0.939	1.207	0.907
客户不愿意或不能购买新服务	0.975	1.008	1.104	0.879	0.804
公司业务繁忙	0.907	0.892	0.965	0.810	0.879
客户对新服务反应迟钝	0.907	0.885	0.922	0.983	0.869
目前市场条件下不需要服务创新	0.790	0.731	0.870	0.828	0.776

资料来源：杨玉英．我国生产性服务业影响因素与效应研究：理论分析与经验证据[D]．长春：吉林大学学位论文，2010．

6.2.1.3 城市化水平、城市规模结构和基础设施水平是生产性服务供给水平和就业水平提升的重要条件

提升生产性服务的供给水平需要大量的基础条件作为有效支撑，如城市经济基础、产业结构和产业网络、人才结构和人才集聚等。城市化水平不断提高是一国在工业化过程中所必然发生的现象，是解决农村剩余劳动力的就业问题和实现就业结构调整的重要途径。城市化率影响服务业的扩张和就业增长，主要与服务业"时间和空间不可分割"的特点紧密相关。特别是对于为生产企业提供中间需求服务的生产性服务业而言，空间集聚至关重要。生产性服务的供给水平和就业水平受到城市规模结构的制约和影响。在工业化集聚程度较高的中小型城市，消费性服务业和为城市工业发展提供中间性服务的物流、交通、电信和商贸等生产性服务业是服务业的核心。而金融服务、科技服务、信息服务和商务服务等具有较高外部影响效应的行业则是特大型和大型城市服务业的核心。例如，世界知名的国际大都会纽约、伦敦和巴黎焕发活力的重要原因之一，就是大量从事金

融、信息和商务服务的生产性服务企业和大型知名跨国公司总部在城市的大量集聚。同时，城市的基础设施建设水平也在很大程度上影响着生产性服务的供给水平，如加大交通运输业的支出占政府总支出的预算比重，增加在高速公路、桥梁和铁路方面的投资，增加在智能运输系统等先进技术领域的投入，注重对基础设施及其持续升级方面的投入等均能有效实现相关生产性服务行业供给的扩张、促进就业增长。

6.2.2 影响中国生产性服务业就业增长供给方面的因素分析

成熟和发达的生产性服务供给市场是在一定经济社会条件的情况下培育和形成的。当前，中国生产性服务业的现状是：上游、中游行业发展比较缓慢，下游行业占国内生产总值比重逐年下降，即现实有效供给不足。这些问题与中国一系列现行的经济社会制度极为相关。

6.2.2.1 政府的严格管制与干预束缚了生产性服务供给水平的扩张和就业增长

目前，中国服务业领域还存在着较为突出的行政垄断问题。多数生产性服务业属于垄断竞争行业（见表6-2），因为其兼具垄断行业和竞争行业的双重特性。垄断主要包括自然垄断、市场垄断和行政垄断三种类型。我们坚决反对行政垄断，因为它严重影响并抑制了生产性服务业的外部化进程和专业化发展，扼杀了市场竞争，制约了产业效率的提高。另外，政府的严格管制和深层次干预，严重制约了生产性服务供给水平的提升和就业岗位的创造。

表6-2 中国服务业内部各分行业市场结构

部门	市场结构
交通运输、仓储及邮电通信业	垄断竞争、国家所有
批发和零售贸易及餐饮业	完全竞争
金融保险业	垄断竞争
房地产业	完全竞争
社会服务业	垄断竞争、完全竞争
卫生、体育和社会服务业	垄断竞争、国家垄断
教育、文化、艺术及广播电影电视业	国家垄断

资料来源：程大中. 中国服务业的增长、技术进步与国际竞争力 [M]. 北京：经济管理出版社，2006.

准入管制和行为管制是政府管制的两大分类。对于生产性服务业的各分行业，中国主要是以较为严格的准入管制为主，如金融业和电信业等。对于金融、交通运输和信息等生产性服务产品的价格（通常较高）也主要由政府统一制定和管理。较高的价格束缚了对生产性服务产品的现实需求，也制约了服务供给的动力。中国一方面对内资实施进入管制，在对外资的准入管制方面则更加严格，被称为在生产性服务领域实施了"世界上最为严格的外资准入管制"。总体看，中国制造业对外开放程度高于服务业，而服务业内部的消费性服务业开放程度高于生产性服务业。

政府的干预主要是制定有利于国有服务企业的相关政策，抑制民间资本的进入。目前，中国对商务服务业的干预主要是通过对特许经营权进行行政性审批来实现。例如，会计服务，直接由中央政府部门审批的经营资格大约有二十五项，这些经营资格的取得意味着盈利机会的获得，而能否取得这些资格，取决于主观和客观多方面因素的制约和影响，这实质上是以行政配置资源替代市场配置资源。另外，对于一些必要的年检和年审等服务，政府也要求由相关指定的或有资质的机构来完成。事实上，政府这种直接或间接的干预，在某种程度上束缚了中介服务企业在供给方面的创新和对新市场的开拓，抑制了新的就业岗位的创造和就业的实现。

6.2.2.2 政策目标之间不协调制约生产性服务供给增长和就业增长

中国在不同的经济社会形势下出台针对具体问题的相关政策，在一定的经济社会背景下合理有效地解决了某些现实问题。但从长期看，政策目标之间存在的不协调约束了生产性服务供给增长和就业增长。

以解决就业作为中国服务业发展的政策目标，制约了生产性服务的供给拓展和长期就业增长。就业问题是关系到国计民生的大事，而服务业一直被西方发达国家作为解决就业问题的主渠道，因此，中国制定并实施了多项优惠政策，旨在以扩大就业为目标大力发展服务业。然而处于价值链高端的生产性服务业多属于知识、资本或技术密集型服务业，从理论上讲，其生产效率较高，因此吸纳就业特别是吸纳低端人员就业的能量有限。但从长远看，生产效率的提高能够带来社会产出水平的提高和收入水平的提升，促进消费结构的改变和产业结构的优化，从而产生长期的就业增长效应。但许多地方一级的政府在制定产业发展政策时，由于存在过度强调产业的就业功能，而忽视效率功能的问题，使得资源大量流向服务业中劳动密集型的分行业，如居民服务业和住宿餐饮业等，在一定程度上制约了生产效率较高的生产性服务的供给增长和长期就业增长。由此可见，制定并实施"以扩大就业为目标的服务业发展政策",对生产性服务业的发展是非常不利的,是以牺牲该行业的长远发展和长期就业增长为代价的,因此要对那些以解决就业为核心的产业发展政策做出必要的调整。

中国的城市化发展政策在一定程度上影响了生产性服务业发展,进而制约其供给增长和就业增长。1978—2011 年,中国城市化率提高了 33.35%(51.27%~17.92%)①,但服务业内部结构并没由此出现质的变化,生产性服务业占服务业比重仅相当于发达国家的一半,仍处于比较低的水平。究其原因,中国的城市化发展政策能够在这个问题上提供一定的解释②。集聚发展是生产性服务业的一个典型特征,但不是所有类型的城市都适合生产性服务的集聚,大型城市更具有城市发展和产业发展的规模经济效应,而中小型城市更适合于大城市的服务辐射。因此,在国外,多是在大型城市集中了生产性服务业的集聚区。中国的城市化战略应与产业发展战略契合,充分考虑生产性服务业集聚的特点,对其进行合理的规划和布局,而不应片面强调诸如严格控制大城市规模、积极发展小城镇等,而应促进大中小城市和小城镇的协调发展,创造条件构建以大城市和特大城市为核心的城市群,增强生产性服务业发展的城市集聚效应,扩张生产性服务的供给市场,促进就业向更广范围辐射的效应。

6.2.2.3 抑制生产要素流向的政策限制了生产性服务供给市场的扩张和就业增长

国家的经济政策对生产要素资源的流向具有重大的引导作用,但某些政策措施抑制生产要素流向生产性服务业领域,如促进中国生产性服务业市场化和社会化改革的相关政策滞后,相关财税政策不利于生产性服务供给市场的扩张和就业增长等。以财税政策为例,目前,中国没有针对生产性服务业的相关财税优惠政策。对 2007 年的投入产出分析表明(2007 年投入产出表数据是最新可得的数据),中国生产性服务业税收负担较重:2007 年生产性服务业整体的生产税净额占增加值比重高达 13.67%,分别高于非生产性服务业 10.52 个百分点和第三产业总体水平 3.14 个百分点(如图 6-2 所示)。其中,批发零售业生产税净额占增加值比重显著高于其他分行业,高达 24.26%,是第三产业平均税收负担的 2.3 倍;金融业为 11.29%,保险业、租赁和商务服务业为 10.38%。具体看,税收负担重

---

① 根据《中国统计年鉴》(2012) 中的相关数据计算所得。
② 中国坚持"严格控制大城市规模,合理发展中等城市,积极发展小城镇"的城市化发展政策。

较为突出地表现在三个方面：首先，生产性服务企业的员工工资是企业重要的成本之一，占比较高，现行税收规定要求员工工资在税前定额列支，不能按全额计入企业成本，加重了企业的税收负担，特别是对于一些知识和技术密集型的咨询和中介服务业，这个问题更加突出。其次，对于技术密集型的生产性服务业，无形资产占比较高，设备更新换代时间较短，但需要按照现行税收规定在较长时间内计算资产折旧，由此而出现折旧仍在计算，但设备资产已经退出使用的问题，使得企业的税负较重。再次，税制规定服务业营业税的征收一般要以全部营业收入作为税收基数，这样一来，如果服务企业将其业务进行外包，会出现重复征税的问题。

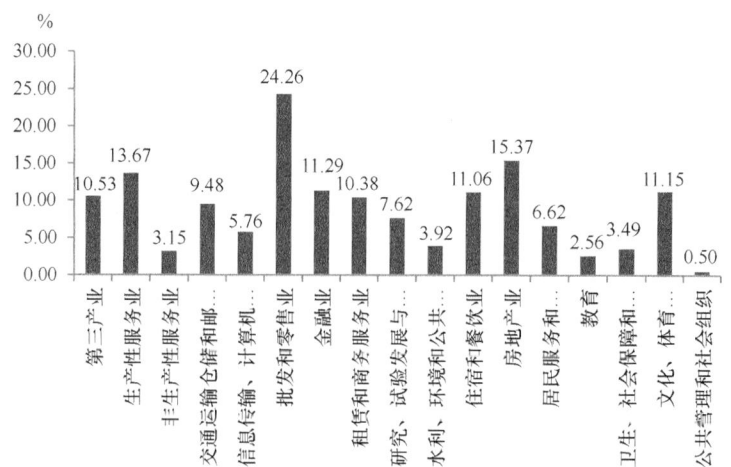

图6-2 2007年中国第三产业生产税净额占增加值比重

资料来源：根据2007年"中国投入产出表"中数据计算所得。

6.2.2.4 技术进步和创新能力弱制约了生产性服务业的发展和就业增长

技术进步和创新是生产性服务业发展、拓宽就业空间和岗位创造的原动力。中国生产性服务企业技术进步、创新的压力和动力不足，能力比较薄弱，导致发展受阻，就业增长受限。

人才不足导致技术进步和创新能力不足，尤其是中国的金融、物流、信息和电信行业高端人才非常紧缺。在人才需求方面，生产性服务业与制造业相比差异较大。采用机械化和自动化生产方式的制造业，需要的产业工人的特点是知识结构和思维方式相对较为均一。而服务业则要求员工在具有一定的知识密度的基础上，拥有差异化的知识结构和思维方式，在知识性和技术性交流和分享的过程中,产生合力作用和规模经济效应。中国人口资源充裕,劳动力成本相对低廉,过去曾对中国制造业发展发挥了巨大的推动作用,但现在看来,在生产性服务业发展过程中,中国须投入足够的人力资本才能实现将人口资源优势转化为人力资源优势的目标。

中国生产性服务业人才不足,主要与中国模式化的人才培养方式和职业教育体系不完善有直接关系。一方面,中国传统的人才培养方式是模式化和科班式的,从小学入学直至大学毕业,学生习惯了在给定的问题背景下寻求标准答案,发现和解决问题的能力薄弱。导致传统模式培养的劳动者即使知识密度较高,但在突破性和创造性方面的能力缺乏,难以满足生产性服务企业对高端人才的需求。另一方面,中国的职业教育体系存在问题,例如,课程体系更新的速度远不能满足市场需求的变化,导致满足服务业发展的技术水平高的蓝领工人供给不足。以一项对北京软件业的调研为例,发现该行业现有人才呈现橄榄型的结构特征,一头是国际化、高端软件经营人才和高级系统设计师严重不足,另一头是能熟练从事低端技术操作的合格工人相对短缺,中间的、供给较为充分的是高校培养的中层程序开发人员。这样,在面对跨国个性化订单时,中国软件企业在人才方面缺乏竞争优势。类似的问题也大量存在于其他生产性服务业中,导致行业自身发展和就业增长受限。

另外,中国在生产性服务业技术进步和服务创新方面的激励机制较为缺乏。生产性服务业不同分行业服务创新的障碍性因素存在差异(见表6-1)。"创新成果太容易被复制和模仿"成为最大的障碍因素,可能的原因包括两点:第一,创新的服务产品是无形的,这种无形性的属性难以通过许可或知识产权等工具实施保护;第二,中国现有法律和法规尚不健全,对市场竞争秩序缺乏有效规范,缺乏对服务创新的有效保护体制,尚不能有效维护创新主体的市场地位和合法权益,对企业持续创新的积极性造成挫伤,影响了行业自身发展和就业增长。

6.3 本章小结

本章从理论层面对中国生产性服务业就业增长的影响因素进行了系统梳理与深入分析。就业增长的根源是产业发展,对劳动力需求的增加(就业增长)根源于对生产性服务需求的增长和生产性服务业自身的发展。当前,中国生产性服务的现实有效需求不足,巨大的潜在需求向现实需求转化的难度大、障碍多，而真正的制约因素来自于经济发展模式、体制因素、市场机制和相关政策法规四个方面。只有当企业形成强烈的服务外包意识，深化生产技术专业化和分工精深化，为外包企业提供高标准和高质量的服务，同时市场机制不存在障碍，生产性服务业才能为社会提供更多的专业化就业岗位。

市场供给通过引导需求来影响生产性服务业的自身发展和就业岗位提供。清除体制性障碍、增强技术进步和服务创新能力、提升城市化水平和基础设施水平等是实现生产性服务业发展和就业增长的条件。供给角度的制约因素主要包括体制因素、政策因素和创新与技术进步因素三方面。政府的严格管制与干预、政策目标之间不协调、某些政策措施的抑制与约束，以及生产性服务技术进步和创新能力薄弱，限制了生产性服务供给水平的提升和供给市场的扩张，对就业岗位的提供形成了很强的束缚，制约了就业增长。

7 中国生产性服务业就业增长影响因素的实证分析

本章构建了实证分析的计量模型,对制约中国生产性服务业就业增长的影响因素进行检验并得出结论。

7.1 影响因素分析的理论模型

生产性服务业的发展和就业增长是在供给和需求、微观和宏观环境中多因素共同作用的结果,任何要素发生变化,都会在一定程度上起到积极促进或消极阻碍作用。本章以理性政府决策作为假设前提,建立完整的概念模型,以此反映生产性服务业就业的诸多影响因素的相互关系。在模型里,经济发展模式、体制因素、市场机制、政策因素和技术进步因素是制约现实需求和有效供给的主要因素,它们通过制约生产性服务业自身的发展,制约就业岗位的创造和就业实现。在这些变量的作用下,影响生产性服务业发展和就业增长的因素构成互动关联、相互制约的体系(如图7-1所示)。

7.2 样本数据和变量分析

本部分首先对实证研究采用的样本数据来源进行说明,之后对所使用的影响因素指标进行描述和分析。

7.2.1 样本数据来源

根据本书确立的研究对象、要达成的研究目标,笔者查阅了国家统计局"服务业统计报表制度"的相关报表制度,发现城镇单位就业人员数与城镇私营企业和个体就业人数之间没有包含和重复关系。在行业的划分上,根据《2011国民经济行业分类注释》[①] 中对于金融业、科学研究技术服务和地质勘查业,以及水利环境和公共设施管理业的解释,行业分类集中在非私营个体部门。因此,本书以"城镇单位中的生产性服务业就业人员数 + 私营企业和个体中的生产性服务业就业人数"作为全国生产性服

---

① 国家统计局. 2011国民经济行业分类注释 [M]. 北京:中国统计出版社,2011.

7 中国生产性服务业就业增长影响因素的实证分析　131

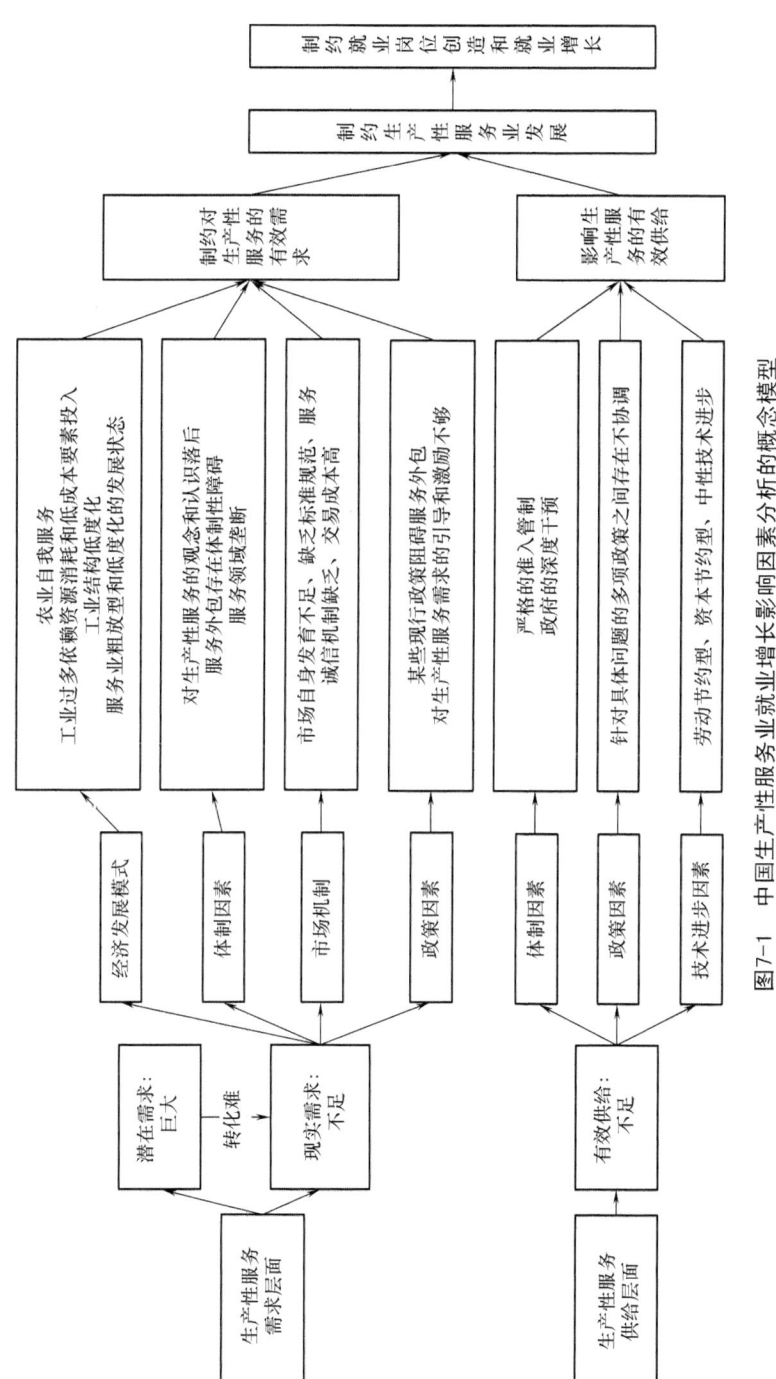

图7-1　中国生产性服务业就业增长影响因素分析的概念模型

业就业人数。

同时，为使研究更具实际意义，本书对收集的大量数据进行了规范化处理。对于数据需做出的相关说明是：第一，数据的时间跨度较长，数据分布从 1978 年到 2011 年；第二，数据的客观真实性和规范性有较好保证，本书使用的原始数据均来自于国家统计局官方网站发布的全国各省区市国民经济和社会发展统计公报数据以及各年统计年鉴；第三，由于个别指标所对应的数据未能获取，因此在计算过程中做近似处理，但并不影响实证检验的整体性与客观真实性；第四，本书中使用的数据均不包含香港、澳门特别行政区及台湾省。

7.2.2 影响因素指标分析

影响中国生产性服务业就业增长的因素可归类为需求和供给两个层面。需求制约因素主要包括经济发展模式、体制因素、市场机制和政策限制。供给方面影响因素主要是体制因素、政策因素和技术进步因素。理论层面选取的影响因素指标有六个方面：

7.2.2.1 经济发展水平的代表性指标

按照服务经济理论的观点，一国居民收入水平代表其经济发展水平，并且服务业产值比重和就业比重会随着经济的发展而逐步提高。解栋栋利用 118 个国家和地区 1980—2005 年服务业发展和人均收入的非平衡面板数据，采用分量回归的方法对两者的关系进行研究发现，服务业就业比重和人均国内生产总值存在着显著并且稳定的正相关关系，服务业就业比重随着人均国内生产总值的增加逐渐提高[1]。因此，本书将实证测定人均经济发展水平对生产性服务业就业量的影响。

7.2.2.2 经济发展模式的代表性指标

目前，中国现有经济发展模式对生产性服务业拉动不够，导致生产性服务业吸纳就业的效应没有充分释放出来，而对生产性服务需求的局限则源于中国产业发展的专业化分工程度的不足。从三次产业看，中国第一产业小规模分散经营模式减弱了对生产性服务的需求；第二产业资源消耗型和要素驱动型的工业发展模式，以及工业低度化在很大程度上使生产性服务的需求空间被压缩；第三产业粗放式和低度化的发展状态导致其对生产性服务较为有限的需求水平。本书采用国际上认可度较高的指标"国民经

---

[1] 解栋栋. 服务业发展与人均收入的关系：基于分位数回归的实证研究 [J]. 当代财经, 2009 (8): 80–84.

济中第三产业与第二产业增加值之间的比重",表示中国经济结构特征。

7.2.2.3 体制因素的代表性指标

体制性因素的障碍对中国生产性服务业自身发展形成了较强的制约,也是目前约束生产性服务业就业增长的主要原因。总结起来,抑制需求增长的障碍性因素主要包括:对生产性服务存在的落后的观念和认识抑制需求、现有体制下分工和服务外包的动力受到抑制、垄断抑制和降低了大量潜在需求等;供给方面,准入管制的严格和政府干预的深入化,导致中国生产性服务业长期有效供给不足。本书使用具有较高认可度的经济开放程度指标"贸易依存度"和"外资依存度"[①],测度和分析体制性因素对生产性服务业吸纳就业的影响。

7.2.2.4 市场机制的代表性指标

市场实现机制存在的障碍,使得生产性服务的大量潜在需求向现实需求转化难度加大,制约了现实有效需求的增加。在市场失灵时,政府对经济的干预非常必要。除此之外,在市场经济条件下,政府适当减少干预是有利于市场自由运行的。当前,中国市场机制方面存在诸如市场不够良性有序、服务业规范和标准欠完善、诚信机制存在缺失等问题,对生产性服务业自身的发展和就业增长形成了很强的束缚。伴随着经济体制改革朝市场化方向的有序推进,中国政府职能将转向适时对市场经济秩序进行规范、为宏观经济提供必要的服务等。将政府职能转变的相关指标引入影响因素的分析,能够更好地衡量这种转变对生产性服务业就业的影响。本书选取的代表性指标为"政府财政支出占国内生产总值的比重"。

7.2.2.5 政策方面的代表性指标

中国在不同的经济社会形势下出台针对具体问题的相关政策,在一定的经济社会背景下合理有效地解决了某些现实问题。但从长期看,政策目标之间存在的不协调,约束了生产性服务供给增长和就业增长。例如,"以扩大就业为目标的服务业发展政策",对生产性服务业发展是非常不利的,它在某些方面牺牲了该行业的长远发展和长期就业增长。再如,中国的城市化发展政策与生产性服务业的相关发展政策存在一定的不协调[②],在一定程度上束缚了生产性服务业的发展和就业增长。城市化进程的加快

---

① 经济开放程度两个指标的计算公式:①贸易依存度=外贸额/国内生产总值;②外资依存度=实际利用外资额/国内生产总值。

② 中国的城市化发展政策是"严格控制大城市规模、合理发展中等城市、积极发展小城镇"。而生产性服务业具有大城市集聚发展的特征,中小城市更适合接受大城市的辐射。

使得那些原来服务于传统低效的第一产业的劳动力，向现代高效的第二产业和第三产业转移，城市化的过程一方面是产业结构转变、优化的过程，另一方面也是就业结构高级化的表现。以此为据，本书使用"城市化率"指标（城市化率＝城镇人口/全国总人口）来测度和分析政策因素对中国生产性服务业就业的影响。

7.2.2.6 技术进步因素的代表性指标

技术进步是生产性服务业发展的不竭动力，但对就业来讲，它的作用存在于正反两个方面，是把"双刃剑"。从短期看，技术进步可能导致原有产业部门和原有岗位被取代，单位资本对劳动力的吸纳能力下降而产生就业挤出。但技术进步能够带来新产业或新行业的发展，劳动生产率的提高在长期能节约成本、降低产品价格、扩大销售规模，进而实现产业的发展，增加对劳动力的需求。技术进步按类型可以分为劳动节约型、资本节约型和中性技术进步。劳动节约型会产生就业挤出，而资本节约型会形成就业促进，由于目前无法对两方面的因素进行具体分离，所以本书选择了第三产业的"劳动生产率"和"资金产值率"[①]对技术进步因素进行衡量。

7.3 构建计量模型与实证检验

7.3.1 计量模型的构建与变量描述

多元线性回归模型在经济分析中最为常用，本书使用该模型对指标数据进行分析和处理。根据上文分析所确定的自变量指标（变量描述如表7-1所示），构建模型如下：

$$Y = C + \beta_0 X_1 + \beta_1 X_2 + \beta_2 X_3 + \beta_3 X_4 + \beta_4 X_5 + \beta_5 X_6 + \beta_6 X_7 + \beta_7 X_8 + \mu \quad (1)$$

表7-1 多元回归模型变量描述示意表

变量名称	符号	变量描述	变量类型
就业量	Y	生产性服务业就业人数	因变量
人均国内生产总值	X_1	一国经济发展水平的主要指标	自变量

[①] 第三产业劳动生产率和资金产值率的计算公式：①劳动生产率＝行业增加值/行业就业人数；②资金产值率＝行业增加值/行业固定资产投资额。

续表

变量名称	符号	变量描述	变量类型
国民经济产业构成	X_2	反映一国经济发展模式的主要指标（第三产业与第二产业增加值的比重）	自变量
贸易依存度	X_3	反映一国经济开放程度的主要指标（外贸额/国内生产总值）	自变量
外资依存度	X_4	反映一国经济开放程度的主要指标（实际利用外资额/国内生产总值）	自变量
政府财政支出比重	X_5	衡量市场机制因素的主要指标（政府财政支出/国内生产总值）	自变量
城市化率	X_6	衡量政策性因素的主要指标	自变量
第三产业劳动生产率	X_7	衡量技术进步因素的主要指标（第三产业增加值/第三产业就业人数）	自变量
第三产业资金产值率	X_8	衡量技术进步因素的主要指标（第三产业增加值/第三产业固定资产投资额）	自变量

7.3.2 实证检验

7.3.2.1 指标数据的对数化处理

本书所选指标值的单位差异较大，可能会存在异方差，为避免该问题，本部分对所有的变量数据进行了对数化处理。估计方程为：

$$LNY = C(1) + C(2) \times LNX_1 + C(3) \times LNX_2 + C(4) \times LNX_3 + C(5) \times LNX_4 + C(6) \times LNX_5 + C(7) \times LNX_6 + C(8) \times LNX_7 + C(9) \times LNX_8 \quad (2)$$

7.3.2.2 指标数据的相关度分析

变量之间可能会出现多重共线性的问题，为避免该问题，本书使用多元线性回归模型进行估计之前，首先分析了各变量的相关度情况（详见表7-2）。

表7-2 各变量的相关程度一览表

	LNY	LNX_1	LNX_2	LNX_3	LNX_4	LNX_5	LNX_6	LNX_7	LNX_8
LNY	1.000	0.940	0.864	0.842	-0.451	-0.368	0.873	0.718	0.641
LNX_1	0.940	1.000	0.823	0.883	-0.569	-0.219	0.949	0.866	0.553
LNX_2	0.864	0.823	1.000	0.884	-0.629	-0.150	0.882	0.551	0.523
LNX_3	0.842	0.883	0.884	1.000	-0.572	-0.268	0.892	0.595	0.525

续表

	LNY	LNX_1	LNX_2	LNX_3	LNX_4	LNX_5	LNX_6	LNX_7	LNX_8
LNX_4	-0.451	-0.569	-0.629	-0.572	1.000	-0.575	-0.771	-0.534	0.159
LNX_5	-0.368	-0.219	-0.150	-0.268	-0.575	1.000	0.033	0.052	-0.714
LNX_6	0.873	0.949	0.882	0.892	-0.771	0.033	1.000	0.813	0.394
LNX_7	0.718	0.866	0.551	0.595	-0.534	0.052	0.813	1.000	0.359
LNX_8	0.641	0.553	0.523	0.525	0.159	-0.714	0.394	0.359	1.000

在多元线性回归分析中，模型中应引入多少解释变量是需要重点研究的，通过表7-2可以看出，解释变量LNX_1，LNX_2，LNX_3，LNX_6和LNX_7之间的相关性较高，模型可能会出现多重共线性问题而导致因变量LNY难以很好地被各自变量独立解释。因此，在本部分的多元回归分析中采用逐步筛选（Stepwise）的策略。逐步筛选策略是向前筛选（Forward）和向后筛选（Backward）策略的综合，它是在向前筛选策略的基础上，结合向后筛选策略，在每个变量进入方程后再次判断是否存在应该剔除出方程的变量。因此，逐步筛选策略在引入变量的每一个阶段都提供了再剔除不显著变量的机会。

7.3.2.3 多元回归分析

本部分使用统计学观察软件Eviews7.0，对上面构建的多元回归模型进行估值和求解，多元回归分析结果如表7-3所示。

表7-3 模型回归结果

因变量：LNY
方法：逐步筛选
样本：1~25
包含的观察值：25
总是包括解释变量的数量：1
搜索回归数：8
筛选方法：逐步筛选
停止准则：假定值（p-value）向前/向后 = 0.05/0.1

变量	系数	Std. Error	t统计量	概率
C	-1.555	2.044	-0.761	0.455
LNX_1	1.157	0.204	5.656	0.000
LNX_7	-0.988	0.365	-2.704	0.014
LNX_3	-0.470	0.110	-4.241	0.000

续表

变量	系数	Std. Error	t统计量	概率
LNX_2	0.747	0.210	3.549	0.002
LNX_5	-0.164	0.076	-2.134	0.046
可决系数	0.969	因变量均值		8.832
调整后的可决系数	0.961	因变量标准差		0.377
回归标准差	0.074	赤池信息准则		-2.151
残差平方和	0.105	施瓦茨准则		-1.858
对数似然比	32.888	汉南—奎因准则		-2.069
F统计量	119.794	杜宾—沃森统计量		1.493
概率（F统计量）	0.000			

由表7-3中的运算结果可以得出回归方程和回归表达式：
估计方程：
$$LNY = C(1) + C(2) \times LNX_1 + C(3) \times LNX_7 + C(4) \times LNX_3 + C(5) \times LNX_2 + C(6) \times LNX_5 \tag{3}$$

代入系数：
$$LNY = -1.555 + 1.157 \times LNX_1 - 0.988 \times LNX_7 - 0.470 \times LNX_3 + 0.747 \times LNX_2 - 0.164 \times LNX_5 \tag{4}$$

$$SE = (2.044)(0.204)(0.365)(0.110)(0.210)(0.076)$$
$$T = (-0.761)(5.656)(-2.704)(-4.241)(3.549)(-2.134)$$

由表7-3数据结果可见，t统计量通过了显著性水平为0.05的假设检验，说明X_1、X_2、X_3、X_5和X_7五个因素对生产性服务业的就业具有显著的影响。可决系数（0.969）和调整后的可决系数（0.961）接近于1，说明模型的拟合效果较好。F检验的伴随概率为0，反映变量间呈高度线性，回归方程的整体统计是显著的、解释能力是较高的。

7.3.2.4 异方差检验

在使用计量经济学模型利用最小二乘法进行参数估计时，异方差性会严重影响参数模型估计的有效性，使包括变量显著性在内的一系列检验失去意义，使模型的各种相关预测失效。因此，在通过显著性检验之后，还要对模型进行异方差检验。

首先使用图示法进行检验。绘制模型回归生成的残差序列（RESID）和因变量LNY的散点图（见图7-2）。细观散点图发现，残差序列的绝对值没有明显的变动规律，分布较为随机，因此可初步判定异方差不存在。

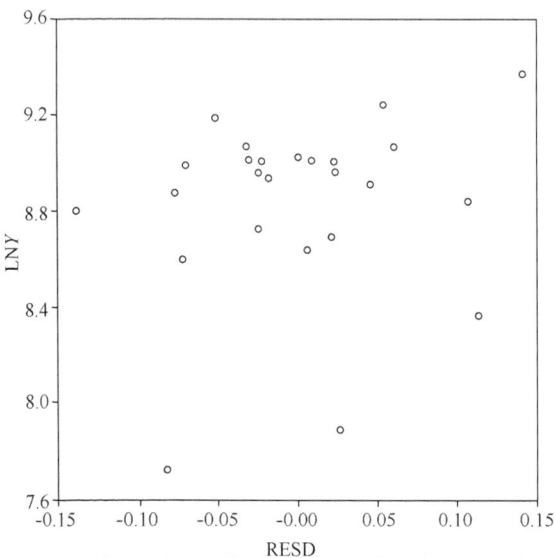

图7-2 残差序列（RESID）生成与因变量（LNY）的散点图

其次，使用怀特检验法（Heteroskedasticity Test：White）进一步检验异方差是否存在。怀特检验法是将被解释变量设定为残差的平方，新的解释变量是原方程中的解释变量和解释变量的平方，以及交叉乘积项，以此来构建新的回归模型，通过新回归模型的拟合程度判断异方差是否存在。判断标准为：当怀特统计量（Obs * R - squared）的伴随概率大于显著性水平时，接受原假设，说明随机误差项是不存在异方差的；否则，拒绝原假设，说明存在异方差。

模型检验结果表明（见表7-4）：怀特统计量值为21.649，其伴随概率值为0.359，大于0.05。因此在显著性水平为5%时接受原假设，说明该模型不存在异方差。

表7-4 异方差性检验：怀特法检验结果

F统计量	1.292	概率 F (20, 4)	0.444
怀特统计量（Obs * R - squared）	21.649	概率 Chi - Square (20)	0.359
检验方程：			
方法：最小二乘法			

续表

F 统计量	1.292	概率 F (20, 4)	0.444
样本：1-25			
包含的观察值：25			
变量	系数	标准误差	t 统计量	概率
---	---	---	---	---
C	81.791	66.125	1.236	0.283
LNX_1	-14.035	12.259	-1.144	0.316
$LNX_1\hat{}2$	0.610	0.576	1.059	0.349
$LNX_1 * LNX_7$	-1.410	1.843	-0.764	0.487
$LNX_1 * LNX_3$	-0.591	0.521	-1.135	0.319
$LNX_1 * LNX_2$	1.328	1.292	1.028	0.362
$LNX_1 * LNX_5$	-1.634	0.988	-1.653	0.173
LNX_7	19.754	20.065	0.984	0.380
$LNX_7\hat{}2$	1.236	1.784	0.692	0.526
$LNX_7 * LNX_3$	0.108	1.180	0.091	0.931
$LNX_7 * LNX_2$	1.547	1.966	0.786	0.475
$LNX_7 * LNX_5$	3.167	1.909	1.658	0.172
LNX_3	5.070	6.014	0.843	0.446
$LNX_3\hat{}2$	-0.033	0.193	-0.171	0.872
$LNX_3 * LNX_2$	-1.131	1.083	-1.044	0.355
$LNX_3 * LNX_5$	0.445	0.455	0.977	0.383
LNX_2	-9.445	12.910	-0.731	0.504
$LNX_2\hat{}2$	-0.028	0.502	-0.056	0.958
$LNX_2 * LNX_5$	-0.921	0.564	-1.631	0.178
LNX_5	17.125	10.627	1.611	0.182
$LNX_5\hat{}2$	0.084	0.224	0.375	0.726

可决系数	0.865	因变量均值	0.004
调整后的可决系数	0.195	因变量标准差	0.005
回归标准差	0.005	赤池信息准则	-7.812
残差平方和	0.000	施瓦茨准则	-6.788
对数似然比	118.653	汉南—奎因准则	-7.528

续表

F 统计量	1.292	概率 F (20, 4)	0.444
F 统计量	1.292	杜宾—沃森统计量	2.909
概率（F 统计量）	0.444		

7.3.2.5 序列相关检验

由序列相关检验可知（见表7-5），OBS 统计量（Obs * R - squared）值为2.477，伴随概率值为0.289，大于0.05，说明模型并不存在序列相关性。

表7-5 序列相关检验结果

F 统计量	0.934	概率 F (2, 17)	0.411
Obs 统计量 * R - squared	2.477	概率 Chi - Square (2)	0.289

因变量：残差序列

方法：最小二乘法

样本：1~25

包含的观察值：25

变量	系数	标准误差	t 统计量	概率
C	-0.184	2.087	-0.088	0.930
LNX_1	0.014	0.207	0.071	0.943
LNX_2	-0.031	0.212	-0.146	0.884
LNX_3	-0.006	0.115	-0.060	0.952
LNX_5	-0.016	0.081	-0.202	0.842
LNX_7	-0.020	0.371	-0.055	0.956
残差序列 RESID (-1)	0.141	0.277	0.512	0.614
残差序列 RESID (-2)	-0.355	0.293	-1.212	0.241
可决系数	0.099	因变量均值		2.020
调整后的可决系数	-0.271	因变量标准差		0.066
回归标准差	0.074	赤池信息准则		-2.095
残差平方和	0.094	施瓦茨准则		-1.705
对数似然比	34.192	汉南—奎因准则		-1.987
F 统计量	0.267	杜宾—沃森统计量		1.699
概率（F 统计量）	0.958			

综上所述，从模型公式（4）中估计的参数结果可以看出，在所选取的时间段里，外资依存度、城市化率和第三产业资金产值率对生产性服务业就业的影响并不显著，有显著影响力的解释变量中既包括正影响（积极影响）：人均国内生产总值（1.157）和第三产业与第二产业增加值比重（0.747），又包括负影响（挤出影响）：第三产业劳动生产率（−0.988）、贸易依存度（−0.470）和政府财政支出比重（−0.164）。

7.3.3 结果分析

从各影响因素的系数符号得知，人均国内生产总值、第三产业与第二产业增加值比重对生产性服务业就业的影响为正，即以上因素在生产性服务业的发展与吸纳就业中起着积极的促进作用，而第三产业劳动生产率、贸易依存度和政府财政支出占比对生产性服务业就业的影响系数为负，说明以上因素会对生产性服务业就业产生挤出，不利于生产性服务业就业增长。

（1）实证分析表明，对生产性服务业就业促进作用最为明显的是经济发展水平。当其他要素保持不变时，人均国内生产总值每增长1%，生产性服务业就业人数增长1.16%，就业促进作用非常显著。充分说明国民经济发展水平的提高和居民收入的增加，将加强对生产性服务的需求和消费力度，实现经济和就业的协同增长。

（2）经济发展模式对生产性服务业就业的影响次之。第三产业相对于第二产业增加值比重每提高1%，能带动生产性服务业就业增长0.75%。这个指标的分析结果表明，作为第三产业内部的一个亚产业，中国生产性服务业就业增长是就业结构高级化的表现，而其就业增长的实现必须要以第三产业的发展作为强大支撑和有利保证。因此，国家在加大力度调整产业结构的同时，应加强其对第三产业发展的政策扶持，特别要加大对处于价值链高端的生产性服务业的支持①，这对解决当前的就业问题大有裨益。

（3）技术进步带来的劳动生产率提高对生产性服务业的就业增长存在比较大的负面影响。实证检验表明，第三产业劳动生产率每提高1%，生产性服务业就业量会降低0.99%，即产生了技术对劳动力的挤出和替代。虽然从长期看，劳动生产率的提高能够节约生产成本、降低产品价格、扩

---

① 中国现有经济发展模式对生产性服务业拉动不够，中国服务业的发展主要是以消费性服务业和政府性服务业发展为主，生产性服务业的发展比较滞后，工业低度化、资源消耗型和要素驱动型发展模式压缩了生产性服务业的需求空间和就业空间。

大销售规模，从而进一步刺激生产并拉动就业，但短期内我们也应采取必要措施缓解就业压力，因此在发展路径的选择上，应多方权衡，充分考虑符合中国当前国情的要素禀赋结构，尽可能地发挥技术进步带动就业增长的补偿效应。

（4）以外贸依存度为代表性指标的开放经济程度，对生产性服务业就业的影响呈现为负值，相关系数为 -0.47，说明当其他要素保持不变时，贸易依存度每提高1%，生产性服务业就业量将下降0.47%，充分说明中国的生产性服务业对就业的拉动主要是内向型的，外贸依存度增强会对其产生较大的就业挤出效应。

（5）市场机制影响因素中的政府财政支出占国内生产总值比重对生产性服务业就业的影响是负的，但相关系数较小。实证结果表明，政府财政支出占比每提高1%，生产性服务业就业量会降低0.16%。说明政府应适度降低投资力度，减小对市场的干预程度，实行政企、政资和政事分开，尽可能地减少行政垄断，积极地将市场机制引入非自然垄断性的业务部门等，以减少对生产性服务业就业产生的负面影响。另外，有研究表明，政府放松对要素市场的行政管制（如对工资和资本要素的价格管制等），充分地让市场机制发挥作用，能够增强企业自主决定要素价格水平的能力，促进劳动力就业市场机制的正常发挥[①]。

7.4 本章小结

以理性政府决策作为假设前提，本章建立了一个完整的概念模型，反映生产性服务业就业增长诸多影响因素之间相互关联和制约的关系，这些因素通过直接和间接作用，影响生产性服务业自身发展和就业增长，构成了一个完整的关联制约要素体系。

对影响因素开展进一步的实证分析表明在所选取的时间段里，外资依存度、城市化率和第三产业资金产值率对生产性服务业就业的影响并不显著；经济发展水平对生产性服务业就业的促进作用最明显，人均国内生产总值每增长1%，生产性服务业就业人数增长1.16%。因此，提高国民经济发展水平和居民收入水平，可增加对生产性服务的需求和消费力度，促

---

① 姚战琪，夏杰长. 资本深化、技术进步对中国就业效应的经验分析 [J]. 世界经济，2005（1）：58-67.

进生产性服务业就业增长；经济发展模式对生产性服务业就业的促进作用次之，第三产业与第二产业增加值比重每提高1%，能相应促进生产性服务业就业增长0.75%，充分表明中国生产性服务业就业量的快速增长必须要以第三产业的发展作为保证；与此对比，技术进步带来的劳动生产率的提高产生了对劳动力的挤出和替代，因此，积极探索符合中国现实国情的要素禀赋结构，发挥技术进步带动就业增长的补偿效应在当前至关重要；以外贸依存度衡量的开放经济程度对生产性服务业就业的影响也是负的，表明中国生产性服务业对就业的拉动主要是内向型的，外贸依存度增强会对生产性服务业就业产生较大的挤出效应；最后，市场机制影响因素中的政府财政支出占国内生产总值比重每提高1%，将导致生产性服务业就业量减少0.16%，因此政府应适度减少干预程度，让市场机制适时发挥作用，增强企业自主决定要素价格水平的能力，促进劳动力就业市场机制的正常发挥。

8 基本结论与政策建议

8.1 基本结论

本书对与中国生产性服务业就业相关的诸多问题展开调研和分析,旨在深入系统地探究生产性服务业就业与影响因素。在对国内外现有研究成果认真梳理分析的基础上,首先运用定量与定性分析相结合的方法对生产性服务业的范畴进行了重新界定,为后续研究打下基础。在全面分析中国生产性服务业发展现状和就业现状的基础上,本书构建了生产性服务业发展与就业增长关系的理论分析框架。在这个框架中,首先分析了生产性服务业的发展和就业现状,之后探讨其影响就业增长的作用机理,即生产性服务业如何影响就业,并通过哪种途径发挥作用。此后,本书使用多个指标对生产性服务业的就业效应进行测定。为充分挖掘其就业增长空间,本书分别从需求和供给的理论层面展开分析,建立了生产性服务业就业增长影响因素的理论模型,以此作为理论基础展开后续实证检验并得出结论。

鉴于生产性服务业中间投入性和中间连接性的重要特征,结合中国政府在《国民经济和社会发展第十一个五年规划纲要》和《国务院关于加快发展服务业的若干意见》(国发〔2007〕)中对生产性服务业的理论界定,同时将本书创新性采用的"三次界定法"的统计界定结果与以上内容进行对应,科学地确定了本书研究的生产性服务业的范畴。

生产性服务业的发展与其就业功能的发挥是联动的。总体而言,中国生产性服务业在地理上表现出明显地向大中城市集聚的趋势,集聚的特征格局为大区域集中、小区域分散,集中与分散并存,中心外围式的圈层集聚空间格局较为常见。目前,生产性服务业与制造业呈现出产业融合的趋势,服务方式上呈现虚拟化、网络化和外包化等趋势。同时,生产性服务体制改革不断深化,市场化程度逐渐提高,但仍远低于工业特别是制造业的市场化程度,与发达国家相比,中国生产性服务业的市场化还有很长的路要走。另外,中国生产性服务业的发展还存在着很多问题,如在国民经济中的地位较高,但规模较小、发展水平较低,仍然处于初级发展阶段、与工业联动发展中存在许多困难和问题、供需矛盾突出、相关的体制机制有待进一步完善等。就业方面，中国生产性服务业对第三产业就业增长起到了很强的拉动作用。伴随着服务业占总就业比重的迅速上升，生产性服务业占服务业就业比重稳中有升、占总就业比重显著增长，内部各分行业就业呈现出差异性和高增长的特点。生产性服务业的就业比重低于产值比重，就业增长滞后于产值增长，占服务业就业比重仍低于消费性服务业，占总就业比重无论是与发达国家相比，还是与一些发展中国家相比都处于较低水平。

生产性服务业是制造业高度专业化分工的产物，它依附于制造企业而存在，贯穿于生产的上游、中游和下游诸多环节中。在与其他产业、主要是制造业的融合互动发展中相互促进、相互加强，实现了产值增长和就业增长。随着生产性服务业的发展，其拉动就业增长的协同效应和关联效应不断释放出来，一方面直接和间接地促进了就业增长，另一方面实现了就业结构的转变和优化。生产性服务业带动就业增长的一条主要路径是：生产性服务业的发展⟹经济增长⟹就业增长。生产性服务业主要是通过其独特的服务功能影响国民经济力量的内在传导机制（初级乘数效应和二级乘数效应），最终诱发和促进国民经济的增长和就业的增长。以上路径过程的循环往复构成了生产性服务业刺激下的经济增长和就业增长的机制。

本书系统而全面地对中国生产性服务业对就业的影响效应进行了测定。

首先，从就业贡献度对生产性服务业的就业效应进行测定。就业贡献度从生产性服务业的劳动者报酬角度出发，研究每万元投入所带来的就业贡献，以此衡量生产性服务业对劳动的消耗及其就业需求能力。总体来看，生产性服务业在直接就业贡献方面低于非生产性服务业和第三产业总体，然而，其间接就业贡献非常显著，表明生产性服务业带动其他产业就业增长的强大的协同效应、关联效应和波及效应，即生产性服务业对就业的拉动作用，更多体现在它可带动其他经济部门发展，而导致其他经济部门的就业增长。生产性服务业的间接就业效应如此显著，使得其综合就业效应与非生产性服务业和第三产业总体相比亦优势明显。但细观生产性服务业内部，则发现各个分行业的间接就业贡献存在着巨大差异，贡献值最高的是批发零售业和金融业，其就业的综合投入贡献比高达 97.8% 和 69.2%，充分表明以上两行业在与其他产业行业协同和关联发展过程中带动整个社会就业增长的贡献非常显著；而间接贡献度排在后两位的科学研究、技术服务和地质勘查业，以及水利、环境和公共设施管理业，就业贡献值却远不及第三产业平均水平和多数非生产性服务业。总观生产性服务业内部的各个分行业发现，大多数分行业的间接就业贡献高于直接就业贡献，而非生产性服务业内部大多数分行业的直接就业贡献高于间接就业贡献，导致在总体水平上，生产性服务业整体表现出非常显著的间接就业贡献，而非生产性服务业整体表现出显著的直接就业贡献。由于生产性服务业的间接就业贡献如此突出，导致生产性服务业的综合就业贡献亦明显高于非生产性服务业和第三产业总体，显示出强劲的就业需求能力和对中国社会就业的巨大贡献。

其次，本书运用就业弹性测定了生产性服务业的直接就业效应。结果表明，生产性服务业就业弹性显著高于非生产性服务业和第三产业，说明大力发展生产性服务业将有助于解决中国的就业问题。但就生产性服务业内部而言，各分行业就业弹性存在较大差异，其中，G 信息传输、计算机服务和软件业与 L 租赁和商务服务业就业弹性值最高，表明其产值的增长能显著带动就业增长，直接就业效应最为明显；而某些分行业的就业弹性值低于部分非生产性服务业，如 F 交通运输、仓储和邮政业，H 批发和零售业和 J 金融业，部分原因是生产性服务业与非生产性服务业相比劳动生产率相对较高，另外，某些分行业如金融业、邮政业有着较高的就业进入壁垒。总体而言，以就业弹性反映的生产性服务业整体的直接就业效应还是十分明显的。

再次，本书使用产出乘数、间接就业系数和间接就业比重，测定生产性服务业的间接就业效应。产出乘数测度了各产业/行业带动经济规模扩大的能力，它间接地反映某一产业/行业吸纳就业的能力。在产出乘数排位前十的产业/行业中，生产性服务业占据六席，充分说明大力发展生产性服务业将对其他各行业的规模扩大与发展起到很强的推动作用。与此形成对比的是，目前多数非生产性服务业产出乘数排位比较靠后，说明从长远看，这些产业后劲不足，不能起到带动经济规模进一步扩大的作用。而生产性服务业中如金融业，批发和零售业，科学研究、技术服务和地质勘查业，租赁和商务服务业在产业结构中的比重应加大，因为它们不仅对经济的整体发展具有较大的带动能力，同时具有低耗能、低污染的特点，应该作为中国实施可持续发展战略的重点产业。由间接就业系数所反映的间接就业效应指标值前 5 位中 80% 是生产性服务业，按照各行业间接就业系数占综合就业系数的比重（间接就业比重）进行排序的前 6 位中 83% 是生产性服务业，充分表明生产性服务业与其他产业行业关联度很强，间接就业效应明显。总体来看，多数生产性服务业的综合就业效应（通过劳动力投入系数与间接就业系数之和来衡量）并不显著，低于非生产性服务业的某些分行业，说明多数生产性服务业属于资本或者技术、知识密集型服务业，生产率较高，因而吸纳就业特别是吸纳低端人员的就业容量非常狭窄。对于生产性服务业而言，其间接就业效应（通过间接就业系数衡量）比直接就业效应（通过劳动力投入系数衡量）更加显著，而非生产性服务业的直接就业效应则更加明显。这一点，与使用就业贡献度指标衡量的直接、间接和综合就业效应的结果基本上是一致的。

最后，本书运用成本利税率和结构偏离度两个指标衡量生产性服务业的就业潜力，即就业增长空间分析。生产性服务业整体在国民经济所有产业/行业中的成本利税率最高，预示着资源向其流动的趋势，充分表明其处于发展的成长期，并具备较大的发展空间和吸纳就业的潜力。细观内部分行业，批发和零售业最高，其次是租赁和商务服务业。批发和零售业、租赁和商务服务业市场化程度较高，劳动力进入壁垒低，就业增长空间也最大。紧随其后的是科学研究、技术服务和地质勘查业以及金融业，以上两行业也具有较大的就业吸纳潜力，但金融业是生产性服务业中进入壁垒最高的行业。信息传输、计算机服务和软件业，交通运输、仓储和邮政业的成本利税率接近，均高于非生产性服务业，表明相对于非生产性服务业整体而言，其具有较高的就业吸纳空间。结构偏离度的分析表明，与非生产性服务业相比，生产性服务业整体具有较强的吸纳就业的潜力。其中，批发和零售业负偏离最大，并且有明显的由负偏离状态向零状态远离的趋势，表明该行业就业空间继续在扩张，作为市场化程度较高的非垄断型行业，其具备非常大的吸纳就业的潜力。其次是交通运输、仓储和邮政业、金融业，这两个行业就业增长空间较大，但由于它们具有较高的行政进入壁垒，阻碍了劳动力的自由进入。信息传输、计算机服务和软件业有明显的由负偏离状态向零状态接近的趋势，表明该产业吸纳就业能力增强，伴随着吸纳越来越多的人就业，该产业就业增长潜力在缩小；租赁和商务服务业与科学研究技术服务和地质勘查业两个分行业有由负偏离状态向零状态远离的趋向，表明这两个行业吸纳就业能力减弱，伴随着吸纳越来越少的人就业，就业吸纳空间在扩张；水利环境和公共设施管理业偏离程度较低，表明其并非吸纳就业的主要行业。为深入对比，本书将中国第三产业及其内部的生产性服务业的结构偏离度与国际标准模式进行了换算和对比，发现中国第三产业及其内部的生产性服务业均处于发展的成长期，并具备较大的发展空间和吸纳就业的潜力。

因此，无论是采用就业贡献、就业弹性和产出乘数来测定生产性服务业的就业效应，还是利用成本利税率和结构偏离度衡量就业潜力，结果均表明生产性服务业在促进就业方面，尤其是间接带动就业增长方面与其他产业行业相比优势明显，这也使得进一步深入研究影响中国生产性服务业就业增长的诸多因素变得十分重要和必要。

需求和供给理论层面的分析表明，经济发展水平、经济发展模式、体制因素、市场机制、政策因素和技术进步因素影响着生产性服务业的就业增长，通过直接和间接作用，这些因素构成了一个相互影响和制约的系统。实证分析则表明，在所选取的时间段里，外资依存度、城市化率和第三产业资金产值率的影响并不显著。促进作用中以人均国内生产总值为代表的经济发展水平影响程度最强，表明提高国民经济发展水平和居民收入水平，可增加对生产性服务的需求和消费力度，促进就业增长；经济发展模式对生产性服务业就业的促进作用次之，第三产业与第二产业增加值比重每提高1%，能相应促进生产性服务业就业增长0.75%，充分说明中国生产性服务业就业量的快速增长必须要以第三产业的发展作为保证；与此对比，技术进步带来的劳动生产率的提高产生了对劳动力的挤出和替代，说明探索符合中国现实国情的要素禀赋结构，发挥技术进步带动就业增长的补偿效应在当前至关重要；以外贸依存度衡量的开放经济程度对生产性服务业就业的影响也是负的，表明中国生产性服务业对就业的拉动主要是内向型的，外贸依存度增强会对生产性服务业就业产生较大的挤出效应；最后，市场机制影响因素中的政府财政支出占国内生产总值比重每提高1%，将导致生产性服务业就业量减少0.16%，因此，政府应适度减小干预程度，让市场机制适时发挥作用，增强企业自主决定要素价格水平的能力，促进劳动力就业市场机制的正常发挥。

8.2 政策建议

本部分将结合中国当前实际，提出如下相关政策建议。

8.2.1 有效提高劳动者素质，满足生产性服务业对高端人才的需求

本书分析表明，发展生产性服务业可缓解就业压力。生产性服务业属于高端服务业，需要大量高素质劳动力。有效提高劳动者素质，有利于使中国由人口大国转化为人力资源强国。受到社会分工深化、生产过程迂回

化、企业产品差异化,以及协调区域生产经营活动的要求等方面的影响,生产性服务业会向高技术产业发展,提供各种高技术含量的中间产品,这样就需要大量的高技术人才,即生产性服务业知识密集型和技术密集型的产业属性决定了其对高端人才的需求。而目前制约生产性服务业快速发展的重要原因之一就是劳动力技能水平参差不齐、素质不高。细观中国生产性服务业内部的各分行业,对劳动者素质要求不高的传统性服务业就业比重较高。伴随着传统生产性服务业趋向于现代生产性服务业的产业高度化发展态势,该行业对高端人才的需求将十分巨大,如果高素质劳动力的有效供给不足,行业吸收劳动力就业的潜在效应也就难以实现。

为提高劳动力素质,中国政府应通过政策进行引导与支持。第一,继续提高教育支出占国内生产总值的比重,在提高总量的同时,调整教育支出结构,加大对职业教育的支出。第二,大力发展职业技术教育,形成规范的职业技术教育体系。根据中国劳动力与产业结构的特征,要提高劳动者素质,一方面要将大学生、研究生等培养成为高端应用型人才;另一方面要加强职业技术教育,特别是对各种技能型、实用型人才的培养。

8.2.2 加强生产性服务业与制造业的融合互动发展,促进全社会就业增长

生产性服务业是依附于制造企业而存在的,它贯穿于企业生产的上中下游诸多环节中,与制造业的融合互动发展能够使其拉动就业增长的协同效应、关联效应和示范效应不断释放出来。因此,加强产业关联,构建生产性服务业与制造业的互动发展机制,有助于促进全社会就业增长。

第一,构建促进生产性服务业与制造业互动发展的体制与机制环境。如成立生产性服务业与制造业于一体的办事协调机构,探索制造业与生产性服务业联动发展的管理新模式,实现两大产业的融合;加大政策扶持力度,对于有利于制造业升级、解决就业、符合条件的生产性服务业企业应加大政策优惠和支持力度等。

第二,打造促进生产性服务业与制造业互动发展的良好税收环境。从税收的角度看,影响制造业与服务业互动发展的主要是营业税和增值税。建议对服务外包采取增值征税的方式。在税率设计上,鼓励发展金融等生产性服务行业,同时对重点生产性服务行业实施税收优惠。另外,允许制造企业在购买某些高端生产性服务时,可依据一定的比例对进项税额进行抵扣,如购买专利,这样做的目的是鼓励一些服务项目从制造企业中分离出来,一方面促进了制造企业的专业化发展,另一方面也促进了相关生产

性服务企业的发展①。

第三,建立生产性服务业与制造业互动发展的专项引导基金。如设立促进制造企业服务化的发展基金,主要用于那些影响和带动作用明显,具有典型示范效应的装备制造业、加工工业等重点企业和大型企业的服务化过程,对于重点服务化项目给予贴息或补助,如对装备制造业研发、设计以及金融活动的外置给予支持等。

8.2.3 中国应在国家战略层面重视需求和供给政策的制定与实施

中国应在国家战略层面重视需求和供给方面政策的制定与实施,以克服生产性服务现实需求和有效供给双重不足对就业产生的负面影响。

就业增长的根源是产业发展,对劳动力需求的增加是根源于对生产性服务需求的增长和生产性服务业自身的发展。当前,中国生产性服务业面临着现实需求不足和供给不足的双重问题。事实上,中国对生产性服务的潜在需求是巨大的,但潜在需求向现实需求转化的难度大、障碍多。同时有效供给不足制约了生产性服务业自身的发展和就业岗位提供。制约因素来自于经济发展模式、体制因素、市场机制、政策因素和技术进步因素等方面。成熟和发达的生产性服务市场是在一定的经济社会条件具备的情况下才能培育和形成的,而这些都需要中国在国家战略层面加以重视,制定与实施相关政策,有效推动而逐步实现。例如,在国家战略层面制定促进服务外包的相关政策。同时完善有关标准和规范,在全社会范围内形成强烈的服务外包意识,实现生产技术专业化和分工精深化,促进生产性服务业的发展,使其为社会提供更多的专业化就业岗位。供给方面,如加强对技术进步和服务创新产品保护性政策的制定和实施,形成有效激励机制,以创新和技术进步带动发展,提升生产性服务业自身发展水平和就业水平。

8.2.4 在技术发展路径的选择上要发挥技术进步带动就业增长的补偿效应

前文分析表明,技术进步带来的劳动生产率的提高对生产性服务业的就业增长存在比较大的负面影响,第三产业劳动生产率每提高1%,生产性服务业就业量会降低0.99%,即产生了技术对劳动力的挤出和替代。但若从长期看,科技发展存在间接的补偿效应,它能够创造许多新技术载体,开发新的产业领域、创造新的就业岗位。劳动生产率的提高也能够节

---

① 魏江,周丹. 生产性服务业与制造业融合互动发展——以浙江省为例[M]. 北京:科学出版社,2011:257-259.

约生产成本，从而降低产品价格，最终实现扩大销售规模，进一步刺激生产并拉动就业。但在技术发展路径的甄选方面，要选择适应和符合中国现实国情的要素禀赋结构，根据当前国情和自身条件（如资本、技术等要素）来选择发展战略。在发展模式的选择上，充分权衡和考虑产业发展和就业增长的长期效应，适当选择"技术进步＋就业增长"模式的行业，一方面可以发挥技术进步带动就业增长的补偿效应，另一方面通过劳动密集型产业对经济增长与促进就业的显性优势来促进经济的持续、快速和健康的发展，有效缓解中国当前的就业压力。

8.2.5 中国应继续加大力度调整产业结构，增加对第三产业，特别是对生产性服务业发展的政策扶持，以实现产业结构优化和就业结构高级化

本书实证分析表明，当其他要素保持不变时，第三产业与第二产业增加值比重每提高1%，能相应促进生产性服务业就业增长0.75%。由于生产性服务业是第三产业内部的一个亚产业，其自身发展和就业增长必须要以第三产业的发展作为强大支撑。因此，国家一方面应加大力度调整产业结构；另一方面应在多角度和多层面加大对第三产业，特别是处于价值链高端的生产性服务业的政策扶持。目前，中国仍然是以消费性服务业和政府服务业为主，生产性服务业的发展比较滞后，而且由于中国当前低度化的工业发展水平、资源消耗型和要素驱动型的发展模式，压缩了对生产性服务的需求空间，就业增长空间自然也被抑制，现有经济发展模式对生产性服务业拉动远远不够。因此，各级政府应加大政策扶持力度，促进生产性服务业加快发展。一方面，加大对生产性服务业的扶持，实施诸如减免税费、用地保障、落实要素（如供电、用水、燃气等）使用价格的"国民待遇"、加大政府财政资金投入方面的扶持力度等；另一方面，要研究制定有关指导规划，使有限的资源发挥更大的功用，使扶持政策更加有效地倾向于我们鼓励发展的重点行业、重点区域和重点项目。同时政府还可考虑设立引导资金，将其重点投入到关键性领域、新兴行业和薄弱环节。

参考文献

[1] Anderson M. Co - Location of Manufacturing and Producer Services: A Simultaneous Equation Approach [Z]. Working Paper, 2004.

[2] Beyers W B. There's Gold in Them There Producer Services [J]. Policy Options, 1999 (11): 36 - 39.

[3] Beyers W B, Lindahl D P. Explaining the Demand for Producer Services: Is Cost - driven Externalization the major Factor? [J]. Papers in Regional Science, 1996, 75 (3): 351 - 374.

[4] Brax S. A Manufacture Becoming Service Provider: Challenges and a Paradox [J]. Managing Service Quality, 2005, 15 (2): 142 - 155.

[5] Brigitte P. The German Service Gap or Re - organizing the Manufacturing - Services Puzzle [J]. Metroeconomics, 2007, 58 (3): 457 - 478.

[6] Broch M, Isaksen A. Knowledge Intensive Service Activities and Innovation in the Norwegian Software Industry - Part Project Report from the OECD KISA Study [R]. Sintef Step Group STEP Report, 2004 (3): 29 - 45.

[7] Browing C, Singleman J. The Emergency of a Service Society: Demographic and Sociological Aspects of the Sectoral Transformation in the Labor Force of the USA National Technical Information Service [J]. Springfield Virginia. 1975: 13 - 32.

[8] Castelles M. The Rise of the Network Society [J]. Economy Society and Culture, 1996, 38 (4): 389 - 414.

[9] Chang G H, Brada J C. The Paradox of China's Growing Under - urbanization [J]. Social Science Electronic Publishing, 2006, 30 (1): 24 - 40.

[10] Clas Eriksson. Is There a Trade - off Between Employment and Growth [J]. Oxford Economic Paper, 1997 (49): 77 - 88.

[11] Chenery H B, Elkington H, Sims C. A Uniform Analysis of Development Pattern [C]. Harvard University Center for International Affairs - Economic Development Report. Cambridge Mass, 1970: 1 - 35.

[12] Coffey W J, Bailly A S. Producer Services and Systems of Flexible

Production [J], Urban Studies, 1993 (29): 57 – 68.

[13] Coffey W. The Geographies of Producer Services [J]. Urban Geography, 2000, 21 (2): 170 – 183.

[14] Daniels Peter W. Producer Services Research in the United Kingdom [J]. Professional Geographer, 2005, 47 (1): 82 – 87.

[15] Ebenberger B, Pyka A, Jel J. Innovation and Sectoral Employment: A Trade – Off between Compensation Mechanisms [J]. Labour, 1999, 16 (4): 635 – 665.

[16] Elfring Tom. New Evidence on the Expansion of Service Employment in Advanced Economies [J]. Review of Income and Wealth, 1989, 35 (4): 409 – 440.

[17] Fabien Postel – Vinay. The Dynamics of Technological Unemployment [J]. International Economic Review, 2002 (43): 737 – 760.

[18] Fiona T. The Contribution of Manufacturing and Services to Employment Creation and Growth in South Africa [J]. South Africa Journal of Economics, 2008, 76 (2): 175 – 204.

[19] Gadrey J, Noyelle T, Stanbaek T M. Productivity in Air Transportation: A Comparison of France and the United States [Z], Working Paper, 1990: 19 – 78.

[20] Guerrieri P, Meliciani V. Technology and International Competitiveness: The Interdependence between Manufacturing and Producer Services [J]. Structural Change and Economic Dynamics, 2005 (16): 489 – 502.

[21] Goe W R. Producer Services, Trade and the Social Division of Labor [J]. Regional Studies – the Journal of the Regional Studies Association, 1990, 24 (4): 327 – 342.

[22] Greenfield H I. Manpower and the Growth of Producer Services [M]. New York: Columbia University Press, 1966: 102 – 126.

[23] Hansen N. Do Producer Services Induce Regional Economic Development? [J]. Journal of Regional Science, 1990, 30 (4): 465 – 476.

[24] Harrington J W, Campbell H S. The Suburbanization of Producer Service Employment [J]. Growth and Change, 1997, 28 (3): 335 – 359.

[25] Harrington J W. Producer Services Study in a Revitalized Regional Science [C]. Buffalo NY – North American Meetings of the Regional Science

Association International, 1997 (11): 1 – 13.

[26] Hauknes J, Knell M. Embodied Knowledge and Sectoral Linkages: An Input – output Approach to the Interaction of High – and Low – tech Industries [J]. Research Policy, 2009, 38 (3): 459 – 469.

[27] Herbert G Grubel, Michael A Walker. Service Industry Growth: Cause and Effects [M]. Vancouver: Fraser Institute, 1989.

[28] Hill P. Tangibles, Intangibles and Services: A New Taxonomy for the Classification of Output [J]. Canadian Journal of Economics, 1999, 32 (2): 426 – 446.

[29] Hult G T M, Ketchen D J, Arrfelt M. Strategic Supply Chain Management: Improving Performance Through a Culture of Competitiveness and Knowledge Development [J]. Strategic Management Journal, 2007, 28 (10): 1035 – 1052.

[30] Janice F Madden, William Stull. Post – Industrial Philadelphia: Structural Changes in the Metropolitan Economy [M]. Philadelphia: University of Pennsylvania Press, 1990: 1 – 21.

[31] Juleff L E. Advanced Producer Services: Just Services to Manufacturing? [J]. The Service Industries Journal, 1996, 16 (3): 389 – 400.

[32] Katz L F, Murphy K M. Changes in Relative Wages, 1963 – 1987: Supply and Demand Factors [J]. Journal of Economics, 1992, 107 (1): 35 – 78.

[33] Lewis W Arthru. Economic Development with Unlimited Supplies of Labor [J]. Manchester School, 1999 (22): 139 – 191.

[34] Linda Juleff. The Structure of Advanced Producer Service Employment in Great Britain: 1971 – 1989 [Z]. Social Science Working Paper, 1993 (4): 1 – 14.

[35] Lundquist K J, Olander L O, Henning M S. Producer services: Growth and Roles in Long – term Economic Development [J]. The Service Industries Journal, 2008, 28 (4): 463 – 477.

[36] Machhip F. The Production and Distribution of Knowledge in the United States [M]. Princeton: Princeton University Press, 1962: 1 – 25.

[37] Machin S, Reene J V. Technology and Changes in Skill Structure: Evidence from Seven OECD Countries [J]. Quarterly Journal of

Economics, 1998.
[38] Macpherson A. Producer Service Linkages and Industrial Innovation: Results of a Twelve - year Tracking Study of New York State Manufacturers [J]. Growth and Change, 2008, 39 (1): 1 -23.
[39] Marco Vivarelli. The Economics of Technology and Employment: Theory and Empirical Evidence [J]. The Economic Journal, 1997 (1): 239 -241.
[40] Mario Pianta, Maro Vivarelli. The Employment Impact of Innovation: Evidence and Policy [J]. International Review of Applied Economics, 2001, 15 (3): 353 -355.
[41] Marshall J. Understanding the Location and Role of Producer Services in the UK [J]. Environment and Planning, 1987, (19): 575 -595.
[42] Marshall N. Services and Uneven Regional Development [M]. Oxford: Oxford University Press, 1988.
[43] Martineli F A. Demand - oriented Approach to Understanding Services in P. W. Daniels and F. Moulaert (eds). The Changing Geography of Advanced Producer Services [M]. London Belhaven Press, 1991.
[44] Mortensen D T, Pissarides C A. Unemployment Responses to "Skilled - Biased" Technology Shocks: The Role of Labor Market Policy [J]. Economic Journal, 1999 (4): 242 -265.
[45] Momigliano F, Siniscalco D. The Growth of Service Employment: a Re - appraisal [J]. Quarterly Review, 1982 (35): 138 -142.
[46] Petit P. Employment and Technical Change. In: Stoneman P (ed.) The Economics of Innovation and Technical Change [M], Oxford: Basil Blackwell, 1995.
[47] Pilat D, Wolfl A. Measuring the Interaction Between Manufacturing and Services [R]. OECD STI Working Paper, 2005 (5): 10 -30.
[48] Raff H, Ruhr M. Foreign Direct Investment in Producer Service: Theory and Empirical Evidence [J]. Applied Economics Quarterly, 2007, 53 (3): 299 -321.
[49] Ranis G, Fei J C H. A Theory of Economic Development [J]. American Economic Review, 1961, 51 (4): 533 -565.
[50] Sassen S. The Global City [M]. Princeton, New Jersey: Princeton

University Press, 2001: 621 - 645.
[51] Scharpf W. Structures of Post - industrial Society or Does Mass Unemployment Disappear in the Service and Information Economy? [M]. New York: Praeger Publishers, 1990: 17 - 36.
[52] Schrock G R. Innovation and High - technology Producer Services: Evidence from Twin Cities Firms [D]. United States, University of Minnesota, 2003.
[53] Syrquin M, Chenery H B. Three Decades of Industrialization [J]. The World Bank Economic Review, 1989 (3): 152 - 153.
[54] Todaro M P. A Model of Labor Migration and Urban Unemployment in Less Developed Countries [J]. American Economic Review, 1969 (59): 138 - 148.
[55] Tompson E C. Producer Services [R]. Kentucky Annual Economic Report, 2004: 1 - 56.
[56] Trehan B. Productivity Shocks and the Unemployment Rate [J]. Economic Review, 2003 (45): 13 - 27.
[57] Tschetter J. Producer Services Industries: Whyare They Growing So Rapidly? [J]. Monthly Labor Review, 1987, 110 (12): 31 - 40.
[58] Vries E D. Innovation in Services in Networks of Organizations and in the Distribution of Services [J]. General Information, 2006, 35 (7): 1037 - 1051.
[59] 车放,车广吉. 生产性服务业对城市低保对象就业影响的实证分析——以北京市为例 [J]. 学术探索, 2012 (7): 65 - 69.
[60] 陈凯. 服务业对广州就业吸纳作用的实证分析 [J]. 商业经济文荟, 2005, (5): 59 - 62.
[61] 程大中. 中国服务业的增长、技术进步与国际竞争力 [M]. 北京: 经济管理出版社, 2006.
[62] 程大中. 中国生产性服务业的水平、结构及影响——基于投入产出法的国际比较研究 [J]. 经济研究, 2008 (1): 76 - 88.
[63] 樊淑红. 新疆生产性服务业就业吸纳能力的分析 [J]. 商业经济, 2011 (1): 18 - 19.
[64] 冯江茹. 山西产业结构变动对就业结构影响的实证研究 [J]. 科技和产业, 2010 (10): 23 - 27.

[65] 高传胜. 中国生产者服务对制造业升级的支撑作用——基于中国投入产出数据的实证研究 [J]. 山西财经大学学报, 2008 (1): 44–50.

[66] 国家统计局. 2011 国民经济行业分类注释 [M]. 北京: 中国统计出版社, 2011.

[67] 韩坚. 中国生产性服务业的影响因素及对策分析 [J]. 贵州社会科学, 2007 (12): 75–78.

[68] 赫伯特·C. 格鲁伯, 迈克尔·A. 沃克. 服务业的增长: 原因与影响 [M]. 上海: 上海三联书店, 1993: 35–38, 220.

[69] 胡晓鹏. 生产性服务业的分类统计及其结构优化——基于生产性服务业与制造业互动的视角 [J]. 财经科学, 2008 (9): 86–94.

[70] 胡艳. 生产性服务业对武汉城市经济发展的影响分析 [D]. 武汉: 华中农业大学学位论文, 2009.

[71] 黄雯, 程大中. 我国六省市服务业的区位分布与地区专业化 [J]. 中国软科学, 2006 (11): 60–69.

[72] 江静, 刘志彪. 商务成本: 长三角产业分布新格局的决定因素考察 [J]. 上海经济研究, 2006 (11): 87–96.

[73] 姜鹏. 基于生产性服务业视角提升就业水平的机理及路径选择——以大庆为例 [J]. 对外经贸, 2012 (6): 127–132.

[74] 解栋栋. 服务业发展与人均收入的关系——基于分位数回归的实证研究 [J]. 当代财经, 2009 (8): 80–84.

[75] 孔令锋. 上海市生产性服务业就业吸纳能力实证研究 [J]. 人口与经济, 2011 (2): 33–38.

[76] 雷鸣, 敬晓清. 行业吸纳就业的能力研究——基于宁夏回族自治区的投入产出核算分析 [J]. 统计研究, 2004 (1): 55–60.

[77] 李冠霖. 第三产业投入产出分析——从投入产出的角度看第三产业的产业关联与产业波及特性 [M]. 北京: 中国物价出版社, 2002: 87–89.

[78] 李江帆. 中国第三产业发展研究 [M]. 北京: 人民出版社, 2005.

[79] 李金永. 上海生产性服务业发展研究 [D]. 上海: 复旦大学学位论文, 2005.

[80] 李文秀. 美国服务业集聚实证研究 [J]. 世界经济研究, 2008 (1): 79–85.

[81] 李文秀. 中国服务业集聚实证研究及国际比较 [J]. 武汉大学学报 (哲学社会科学版), 2008, 61 (2): 213-219.

[82] 刘辉煌, 刘小方. 我国生产性服务业就业吸纳能力的实证分析 [J]. 东北财经大学学报, 2008 (1): 22-25.

[83] 刘绍坚. 生产性服务业发展趋势及北京的发展路径选择 [J]. 财贸经济, 2007 (4): 96-101.

[84] 刘书瀚, 张召利. 生产性服务业是经济中心的核心要素: 基于上海和香港的实证分析 [J]. 当代财经, 2011 (5): 100-111.

[85] 刘小方. 我国生产性服务业的就业效应及其影响因素研究 [D]. 长沙: 湖南大学学位论文, 2007.

[86] 刘志彪. 发展现代生产者服务业与调整优化制造业结构 [J]. 南京大学学报, 2006 (5): 36-44.

[87] 刘志彪. 论现代生产者服务业发展的基本规律 [J]. 中国经济问题, 2006 (1): 3-9.

[88] 吕政, 刘勇, 王钦. 中国生产性服务业发展的战略选择——基于产业互动的研究视角 [J]. 中国工业经济, 2006 (8): 5-12.

[89] 赫希曼. 经济发展战略 [M]. 曹征海, 潘照东, 译. 北京: 经济科学出版社, 1991.

[90] 钱纳里, 塞尔奎因. 发展的型式: 1950—1970 [M]. 北京: 经济科学出版社, 1988.

[91] 任旺兵, 李冠霖. 我国第三产业就业增长难度加大——从我国第三产业结构偏离度的演变轨迹及国际比较看我国第三产业的就业增长 [J]. 财贸经济, 2003 (6): 5-7.

[92] 阮婷婷, 张岸嫔. 生产性服务业就业效应分析 [J]. 中国市场, 2012 (13): 13-14.

[93] 申玉铭, 吴康, 任旺兵. 国内外生产性服务业空间集聚的研究进展 [J]. 地理研究, 2009 (11): 1494-1507.

[94] 孙永波. 我国生产性服务业发展存在的问题及对策研究 [J]. 经济纵横, 2009 (3): 68-70.

[95] 田霄燕. 中国房地产业的就业乘数效应分析 [J]. 中国房地产金融, 2003 (11): 167-169.

[96] 王金梅. 生产性服务业分类新解 [J]. 上海经济, 2011 (2): 44-46.

[97] 王敬荣. 国内外生产性服务业研究述评 [J]. 商业研究, 2006 (12): 39-40.

[98] 王瑞. 我国生产性服务业发展过程、问题与对策研究 [J]. 国际商务: 对外经济贸易大学学报, 2011 (1): 77-85.

[99] 魏江, 周丹. 生产性服务业与制造业融合互动发展——以浙江省为例 [M]. 北京: 科学出版社, 2011.

[100] 西蒙·库兹涅茨. 各国的经济增长 [M]. 北京: 商务印书馆, 1985.

[101] 席艳乐, 易莹莹. 生产性服务业对制造业就业的影响研究——以上海为例 [J]. 技术经济与管理研究, 2012 (5): 112-115.

[102] 徐芳, 张文亦. 生产性服务业的发展与残疾人就业促进 [J]. 教学与研究, 2008 (3): 54-58.

[103] 徐佩玉. 发展生产性服务业存在的问题与对策 [J]. 东岳论丛, 2009 (12): 139-141.

[104] 徐帅令, 生产性服务业与大学生就业关系研究文献综述 [J]. 知识经济, 2012 (19): 11-12.

[105] 徐学军. 助推新世纪的经济腾飞: 中国生产性服务业巡礼 [M]. 北京: 科学出版社, 2008.

[106] 杨艳琳, 陶新桂. 中国金融产业的就业效应分析 [J]. 华南金融研究, 2004 (2): 2-19.

[107] 杨玉英. 对我国加快发展生产性服务业意义的再认识 [J]. 宏观经济管理, 2009 (3): 50-52.

[108] 杨玉英. 我国生产性服务业影响因素与效应研究: 理论分析与经验证据 [D]. 长春: 吉林大学学位论文, 2010.

[109] 叶明霞, 陈锦华, 熊一鹏. 中国第三产业各行业就业潜力的实证研究 [J]. 财经理论与实践, 2007 (3): 117-120.

[110] 印凡成, 王玉良, 黄健元. 基于投入产出就业贡献模型的就业拉动效应探究 [J]. 统计与决策, 2010 (4): 108-110.

[111] 余东华, 范思远. 生产性服务业发展、制造业升级与就业结构优化——民工荒与大学生就业难的解释与出路 [J]. 财经科学, 2011 (2): 61-68.

[112] 喻国伟, 苏敬勤. 基于知识视角的制造企业与生产服务组织共生关系分析 [J]. 大连理工大学学报, 2008 (3): 29-33.

［113］翟青. 谈谈目前我国失业现状及解决办法［J］. 时代教育，2012（14）: 3.
［114］张宏英. 我国当前的失业问题研究［J］. 佳木斯教育学院学报，2011（4）: 4-6.
［115］张厚明. 北京市生产性服务业发展与布局研究［J］. 宏观经济管理，2010（6）: 61-63.
［116］张抗私. 就业问题: 理论与实际研究［M］. 北京: 社会科学文献出版社，2007.
［117］张瑞琴，王河山. 新型工业化进程中生产性服务业发展瓶颈与战略选择［J］. 改革与战略，2008（11）: 70-72.
［118］张圣兵. 全球化进程中的就业变迁［M］. 北京: 中国财政经济出版社，2002.
［119］张淑君. 服务业就业效应研究［M］. 北京: 中国财政经济出版社，2006: 93.
［120］赵建国. 经济增产促进就业的实证分析［J］. 财经问题研究，2000（5）: 93-96.
［121］钟韵，闫小培. 西方地理学界关于生产性服务业作用研究述评［J］. 人文地理，2005，20（3）: 12-17.
［122］钟韵，闫小培. 区域中心城市生产性服务业的外向功能特征研究——以广州市为例［J］. 地理科学，2005（5）: 537-543.
［123］钟韵，阎小培. 我国生产性服务业与经济发展关系研究［J］. 人文地理，2003，18（5）: 46-51.
［124］庄丽娟，贺梅英，张杰. 农业生产性服务需求意愿及影响因素分析——以广东省450户荔枝生产者的调查为例［J］. 中国农村经济，2011（3）: 70-78.

附录 本书撰写所采用的原始数据和调整数据

1. 中国服务业内部各分行业就业贡献

行业	铁路运输业	道路运输业	城市公共交通业	水上运输业	航空运输业	管道运输业	装卸搬运和其他运输服务业	仓储业	邮政业	电信和其他信息传输服务业
代码	096	097	098	099	100	101	102	103	104	105
直接贡献	0.247 0	0.123 8	0.165 0	0.108 8	0.065 7	0.033 3	0.030 1	0.122 9	0.376 4	0.088 8
间接贡献	0.244 9	0.499 3	0.055 3	0.254 7	0.178 9	0.031 0	0.107 0	0.046 9	0.062 8	0.288 8
完全贡献	0.491 9	0.623 1	0.220 3	0.363 5	0.244 6	0.064 3	0.137 1	0.169 8	0.439 2	0.377 6

行业	计算机服务业	软件业	批发零售业	住宿业	餐饮业	银行业、证券业和其他金融活动	保险业	房地产业	租赁业	商务服务业
代码	106	107	108	109	110	111	112	113	114	115
直接贡献	0.175 5	0.210 2	0.145 3	0.185 2	0.084 7	0.177 5	0.185 4	0.090 6	0.093 0	0.098 4
间接贡献	0.053 5	0.003 0	0.832 4	0.228 4	0.443 1	0.802 7	0.218 9	0.247 1	0.016 4	0.513 3
完全贡献	0.229 0	0.213 2	0.977 6	0.413 6	0.527 8	0.980 2	0.404 2	0.337 7	0.109 4	0.611 8

行业	旅游业	研究与试验发展业	专业技术服务业	科技交流和推广服务业	地质勘查业	水利管理业	环境管理业	公共设施管理业	居民服务业	其他服务业
代码	116	117	118	119	120	121	122	123	124	125
直接贡献	0.196 7	0.259 6	0.286 9	0.303 4	0.211 3	0.314 8	0.276 5	0.217 0	0.172 8	0.085 1
间接贡献	0.049 2	0.080 3	0.178 9	0.042 0	0.015 3	0.048 0	0.034 5	0.006 8	0.053 7	0.286 5

续表

行业	旅游业	研究与试验发展业	专业技术服务业	科技交流和推广服务业	地质勘查业	水利管理业	环境管理业	公共设施管理业	居民服务业	其他服务业
完全贡献	0.245 9	0.339 9	0.465 8	0.345 5	0.226 6	0.362 7	0.311 1	0.223 8	0.226 6	0.371 5

行业	教育	卫生	社会保障业	社会福利业	新闻出版业	广播、电视、电影和音像业	文化艺术业	体育	娱乐业	公共管理和社会组织
代码	126	127	128	129	130	131	132	133	134	135
直接贡献	0.438 9	0.219 5	0.521 0	0.496 0	0.220 5	0.180 4	0.322 0	0.274 9	0.107 2	0.476 2
间接贡献	0.093 1	0.096 1	0.004 7	0.000 0	0.039 2	0.040 7	0.050 0	0.016 6	0.059 0	0.009 4
完全贡献	0.532 0	0.315 6	0.525 8	0.496 0	0.259 7	0.221 1	0.372 0	0.291 5	0.166 2	0.485 6

数据来源：根据《2007年中国投入产出表》中数据计算所得。

2. 中国三次产业及第三产业内部各分行业中间投入产出一览表

亿元

产出 \ 投入	第一产业	第二产业	交通运输、仓储和邮政业	信息传输、计算机服务和软件业	批发和零售业	住宿和餐饮业	金融业	房地产业	租赁和商务服务业	科学研究、技术服务和地质勘查业	水利、环境和公共设施管理业	居民服务和其他服务业	教育	卫生、社会保障和社会福利业	文化、体育和娱乐业	公共管理和社会组织	中间使用合计
第一产业	68 771 565	249 167 666	3 797 407	0	76 444	17 770 248	0	6 726	201 294	561 332	1 025 825	881 499	368 428	595 370	215 878	0	343 439 679
第二产业	102 596 499	3 647 832 322	110 358 382	21 886 022	32 893 073	56 878 479	12 534 841	11 378 728	49 294 357	16 159 953	6 125 142	30 966 629	28 874 541	60 114 926	11 594 861	33 074 811	4 232 563 565
交通运输、仓储和邮政业	7 974 668	164 432 093	22 646 889	1 867 655	25 977 616	2 200 456	4 484 851	616 405	5 085 417	2 065 453	279 256	1 646 402	4 105 150	649 037	948 795	6 232 097	251 212 239
信息传输、计算机服务和软件业	1 733 280	29 562 824	2 978 324	3 403 184	3 172 356	570 463	4 943 905	419 316	422 233	277 782	142 259	342 097	1 832 300	1 477 352	389 377	3 494 029	55 161 079
批发和零售业	7 224 593	112 343 135	4 007 221	2 703 974	1 876 773	4 133 124	765 943	422 047	2 410 915	711 637	233 065	1 667 748	1 532 600	4 510 417	824 515	1 765 851	147 136 556
住宿和餐饮业	1 292 415	31 246 934	3 888 527	1 511 494	6 848 143	1 216 258	7 244 250	1 616 138	7 650 367	2 099 577	349 175	1 391 372	4 938 001	1 335 263	1 327 788	10 996 748	85 052 449
金融业	4 063 622	76 324 961	15 862 214	1 388 203	11 406 564	2 669 996	12 505 567	3 667 171	4 715 803	1 305 539	804 033	1 955 551	4 557 581	791 157	726 897	2 817 557	145 562 416
房地产业	103 361	10 840 363	1 166 544	2 019 444	6 939 231	2 034 368	5 145 476	1 317 707	1 544 694	459 324	46 741	2 540 989	800 112	276 067	610 819	944 368	36 789 607
租赁和商务服务业	715 319	40 244 467	1 673 458	3 473 565	17 433 878	2 186 564	8 672 255	3 232 714	4 786 218	697 079	236 695	1 289 532	3 550 929	1 063 260	954 324	1 550 255	91 760 512

续表

产出		第一产业	第二产业	中间使用													中间使用合计
				交通运输、仓储和邮政业	信息传输、计算机服务和软件业	批发和零售业	住宿和餐饮业	金融业	房地产业	租赁和商务服务业	科学研究、技术服务和地质勘查业	水利、环境和公共设施管理业	居民服务和其他服务业	教育	卫生、社会保障和社会福利业	文化、体育和娱乐业	公共管理和社会组织	
中间投入	科学研究、技术服务和地质勘查业	3 815 495	34 822 614	402 752	362 910	1 783 279	27 276	274 772	188 342	117 648	2 643 340	77 609	66 743	787 794	248 950	73 732	215 767	45 909 025
	水利、环境和公共设施管理业	988 263	3 140 864	95 398	25 252	90 241	60 878	125 004	33 532	849 167	16 735	396 302	135 554	277 644	38 865	44 027	421 768	6 739 494
	居民服务和其他服务业	1 854 617	13 389 290	6 083 688	704 001	4 157 443	2 054 481	1 072 525	918 965	2 008 659	484 618	500 554	3 942 471	1 643 619	956 756	531 689	3 072 511	43 375 886
	教育	477 170	2 342 115	609 025	249 806	618 315	130 234	1 197 945	65 266	139 552	217 452	64 792	78 660	2 510 970	397 293	130 141	3 675 409	12 904 146
	卫生、社会保障和社会福利业	453 357	7 712 773	213 415	30 889	69 507	42 623	219 803	37 431	21 494	98 612	74 729	38 990	427 657	375 877	99 401	685 389	10 601 946
	文化、体育和娱乐业	122 502	6 792 635	618 482	437 114	1 566 794	482 338	1 136 696	568 393	503 208	294 492	116 399	402 396	1 307 964	203 348	1 705 278	2 331 307	18 589 346
	公共管理和社会组织	151 537	660 624	78 375	31 759	91 385	29 364	70 573	64 991	19 965	15 488	5 851	21 163	38 570	20 139	8 012	45 769	1 353 563
	中间投入合计	202 338 262	4 430 855 679	174 480 101	40 095 271	115 001 042	92 487 148	60 497 405	24 553 872	79 770 990	28 108 412	10 478 427	47 367 795	57 553 860	73 054 077	20 185 533	71 323 635	5 528 151 509

附录 本书撰写所采用的原始数据和调整数据 165

续表

产出 投入	第一产业	第二产业	交通运输、仓储和邮政业	信息传输、计算机服务和软件业	批发和零售业	住宿和餐饮业	金融业	房地产业	租赁和商务服务业	科学研究、技术服务和地质勘查业	水利、环境和公共设施管理业	居民服务和其他服务业	教育	卫生、社会保障和社会福利业	文化、体育和娱乐业	公共管理和社会组织	中间使用合计
劳动者报酬	271 816 270	459 941 924	40 588 138	11 392 862	41 886 090	15 378 831	34 887 741	13 386 599	13 178 495	15 936 854	5 504 851	11 401 466	57 347 539	25 568 571	6 927 308	75 329 462	1 100 473 000
生产税净额	478 020	270 102 903	14 200 270	3 469 937	42 045 373	6 157 651	15 166 686	18 935 208	3 950 994	2 260 256	434 963	2 658 379	1 870 319	1 331 751	1 696 829	433 694	385 187 233
固定资产折旧	14 297 448	181 617 238	28 349 499	25 155 493	12 313 864	5 326 869	1 935 269	64 093 013	8 361 968	3 477 491	2 740 098	1 968 860	6 772 647	3 427 834	2 014 556	10 700 176	372 555 322
营业盈余	0	433 290 736	66 690 679	20 190 658	77 079 042	28 803 858	82 336 139	26 777 539	12 583 363	7 978 022	2 424 142	24 147 272	7 114 115	7 843 398	4 584 841	388 750	802 222 556
增加值合计	286 591 738	1 344 952 802	149 828 586	60 208 950	173 324 369	55 667 210	134 312 835	123 192 359	38 074 820	29 652 624	11 104 055	40 175 977	73 104 619	38 171 554	15 223 533	86 852 081	2 660 438 111
总投入	488 930 000	5 775 808 480	324 308 687	100 304 221	288 325 411	148 154 357	194 810 240	147 746 232	117 845 810	57 761 035	21 582 482	87 543 772	130 658 479	111 225 631	35 409 067	158 175 717	8 188 589 620

注：按2007年当年生产者价格计算。

后 记

本书经过近两个寒暑的思索和一年多的反复修改，终于与读者见面了。它是本人在博士毕业论文的基础上，增补了部分内容后完成的。在本书的撰写过程中，本人得到了博士生导师、首都经济贸易大学劳动经济学院副院长童玉芬教授的悉心指导。童教授渊博的学识，严谨的治学态度，精益求精的工作作风对我影响深远，她"授之以渔"的教学和指导让我学到了很多书本上难以学到的技能。在此，谨向童玉芬教授致以崇高的敬意和衷心的感谢。

在课题研究过程中，首都经济贸易大学劳动经济学院为我营造了良好的学习和科研环境，在各方面提供了很多的帮助和便利条件，使我能够比较顺利地完成该项研究。特别感谢杨河清教授，他的鼓励、教诲与支持使我对劳动经济学更加热爱。

在本书撰写过程中，首都经济贸易大学华侨学院的王大安院长、孙英副院长、陈洪海主任、肖志强主任在教学工作安排上为我提供了极大的便利，让我在科研和教学工作上找到了很好的平衡，在此深表谢意。

在该项研究的文献收集、数据整理与分析工作中，我的博士同学韩跃、江华、卢媛、白涛珍、黄恒君和王薇传授我不少技巧，与他们的交谈常令我有茅塞顿开之感。同时，我要衷心感谢所有的家人，他们对我寄予厚望，并一直默默无闻地支持着我，他们是我前进的动力。

本书在写作过程中，参阅了大量中外文献，在此，谨向各位文献作者表示衷心的感谢。

本书在出版过程中，得到了首都经济贸易大学劳动经济学院和北京现代产业新区发展研究基地建设（2015）专项资金资助。同时得到了我所在的工作单位北京石油化工学院经济管理学院各位领导和同仁的帮助与支持，他们是景永平教授、陈彦玲教授、王风云副教授和杨秋实老师等协助，谨致谢意。

时代在发展，科学在进步，本人立足于中国实际，力图奉献给读者一个比较优秀成熟的科研成果。但是，由于各种因素的限制，本书中必定存在不尽如人意的地方，敬请读者提出宝贵的意见。